Dieses Buch gehört:

Name: Vanessa

Straße: Bergheimer str 58

Wohnort: Essen 45359

Dies ist mein ganz persönliches Pferdebuch. Wer es liest, erfährt eine Menge über Pferde und Reiten und lernt mich und meine Lieblingspferde näher kennen. Ich habe dazu Fotos von mir und den Pferden eingeklebt. Manchmal habe ich auch gemalt oder Postkarten eingefügt, wenn ich gerade kein passendes Foto hatte.

Inhalt

Von großen und kleinen Pferden	4
Mein Lieblingspferd	6
Zwischen Schweif und Nüstern …	8
Pferde in allen Farben	10
Pferderassen der Welt	12
Die Sprache der Pferde	16
Die Pferdefamilie	18
So fühlen Pferde sich am wohlsten	20
Ein Stall für mein Pferd	22
So leben unsere Pferde heute	24
Pferde füttern – aber richtig	26
Vorsicht Giftpflanzen!	30
Aufhaltern und Führen	32
Anbinden will gelernt sein	34
Mein Pferd soll sauber sein!	36
So bleibt mein Pferd gesund	40
Krankheitsanzeichen beim Pferd	42

Sattel und Zaum für mein Pferd	44
Wie komme ich bloß rauf?	48
Mein Pferd soll mich verstehen	50
Wer hat Vorfahrt in der Reitbahn?	52
Auf dem Hufschlag	54
Kunststücke fast wie im Zirkus – Voltigieren	56
Endlich im Freien	58
Mein kleines Hufeisen	60
Richtig angezogen: Reitkleidung	61
Wie laufen sie denn?	62

Von großen und kleinen Pferden

Araber sind zierlich und meist nicht sehr groß

Kaltblüter – kalibrig und gemütlich

Ein ausgeprägter Ponykopf

Der Warmbluthengst schaut stolz um sich

Das Kaliber und die Abstammung bestimmen auch darüber, ob ein Pferd zu den „Kaltblütern", den „Warmblütern" oder den „Vollblütern" gehört. Mit der Bluttemperatur haben diese Bezeichnungen aber nichts zu tun.
In den meisten Reitschulen gibt es hauptsächlich Warmblüter. Sie eignen sich

Die Größe eines Pferdes wird in Meter oder Zentimeter „Stockmaß" angegeben. Das bezeichnet die Höhe zwischen Boden und Widerrist. Ein Pferd unter 148 cm Stockmaß ist ein Kleinpferd oder Pony. Wenn es größer ist, nennt man es Großpferd oder einfach Pferd. Es gibt viele verschiedene Kleinpferde- und Großpferderassen.

Ein weiteres Unterscheidungsmerkmal für Pferde ist das Kaliber. Hier geht es um die Schwere des Knochenbaus eines Pferdes. Kalibrige Pferde haben kräftige Knochen und Gelenke. Sie können mehr Gewicht tragen und ziehen als leichte Pferde. Leichte Pferde sind dafür meist schneller. Alle Rennpferde gehören zu den weniger kalibrigen Rassen.

Vollblüter begegnen uns vor allem auf den Rennbahnen

Ausliefern ihrer Bierfässer hielten, werden Kaltblüter auch häufig „Bierwagenpferde" genannt.
Vollblüter nennt man die Renner unter den Pferden, vor allem die Araber und das Englische Vollblut. Man findet sie hauptsächlich auf den Rennbahnen, aber viele Freizeitreiter setzen sie auch zum Distanzreiten oder zum Westernreiten ein. Vollblüter sind meist sehr lebhaft und brauchen geschickte Reiter, die ihr Temperament unter Kontrolle halten.

gut für den Reitsport, zum Springen ebenso wie zum Dressurreiten. Früher wurden sie auch oft zum Ziehen leichter Kutschen eingesetzt. Ihre Eignung zum schnellen, eleganten Zugpferd zeigen sie heute noch im Fahrsport. Im Kaliber liegen sie zwischen Vollblut und Kaltblut.
Kaltblüter sind schwere Pferde, die heute hauptsächlich zum Holzrücken im Wald eingesetzt werden. Das machen sie viel umweltschonender als jeder Traktor. Früher wurden Kaltblüter auch zum Ziehen schwerer Lasten und zur Feldarbeit gezüchtet. Da sich Brauereien oft schöne Kaltblutgespanne zum

Ein Schnappschuss von meinem Lieblingspferd

Mein Lieblingspferd

Name: _____

Geschlecht: _____

Farbe: _____

Größe: _____

Alter: _____

Rasse: _____

Abstammung: Vater: _____

Mutter: _____

_____ ist mein Lieblingspferd, weil

_____

_____

Hier habe ich mein Lieblingspferd gezeichnet. Auf der Weide wartet auch schon ein Spielkamerad, denn mein Pferd soll nicht allein sein!

Zwischen Schweif und Nüstern ...

Ganz grob unterscheidet man beim Pferd Vorhand und Hinterhand. Mit „Vorhand" sind alle Körperteile gemeint, die vor der Hand des Reiters liegen, besonders die Vorderbeine. Mit dem Wort „Hinterhand" bezeichnen wir alles, was hinter der Reiterhand liegt, hauptsächlich die Hinterbeine.

Wenn man Pferde beschreiben will, muss man die richtigen Bezeichnungen für ihre Körperteile kennen. Und damit ich sie besser erkennen kann, habe ich die Punkte zu einem Bild verbunden.

1 Genick
2 Mähnenkamm
3 Widerrist
4 Sattellage
5 Kruppe
6 Schweifrübe
7 Schweif
8 Hinterbacke
9 Sprunggelenk
10 Röhre
11 Fesselkopf
12 Fessel
13 Kastanie
14 Flanke
15 Bauch
16 Huf
17 Kronrand
18 Röhre
19 Vorderfußwurzelgelenk
20 Brust
21 Schulter
22 Hals
23 Ganaschen
24 Kinngrube
25 Nüstern

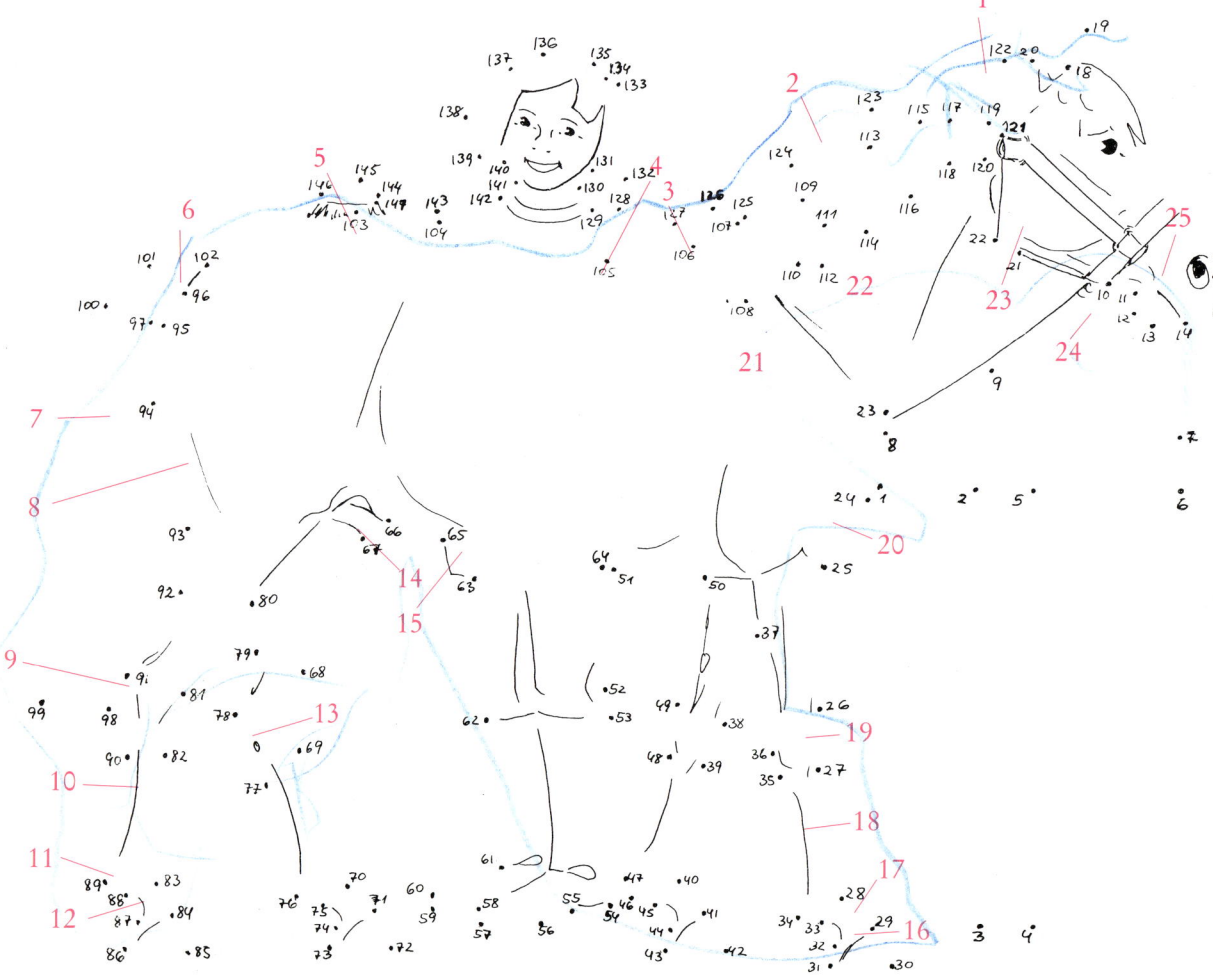

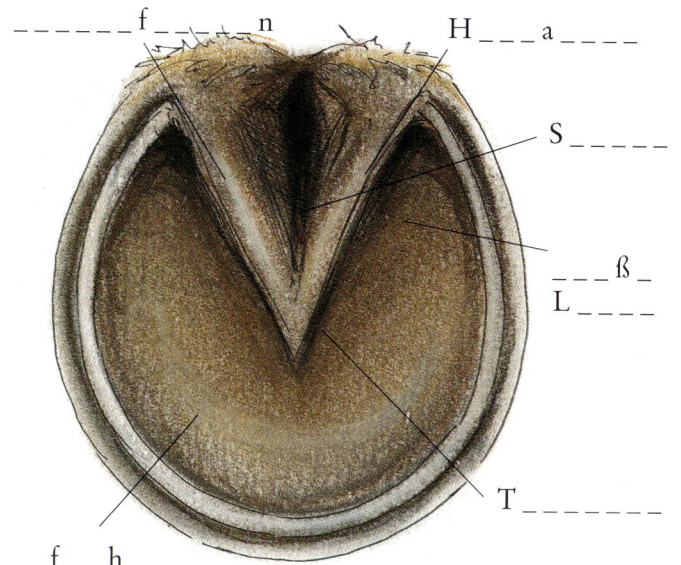

_ _ _ _ _ _ f _ _ _ _ n   H _ _ _ a _ _ _ _

S _ _ _ _ _

_ _ _ ß _
L _ _ _ _

T _ _ _ _ _ _ _

_ _ f _ _ h _ _

Der Pferdehuf besteht aus Horn, wie der menschliche Fingernagel. Er ist aber nicht ganz und gar hart, sondern hat auch elastische Teile wie den Strahl. Sie federn die Bewegungen des Pferdes etwas ab.

Dies ist der Huf von unten. Die richtigen Bezeichnungen habe ich eingetragen: Strahlfurchen, Strahl, Hufsohle, Tragrand, weiße Linie, Hufballen, Hufwand, Kronrand.

So sieht der Huf von der Seite aus. Ich habe die wichtigsten Teile beschriftet:

Wenn ein Pferd nicht nur in der Reithalle geritten wird, sondern viel nach draußen kommt, braucht es fast immer Hufeisen. Ansonsten würde sich das Hufhorn zu schnell abnutzen. Der Schmied biegt die Eisen passend. Dann nagelt er sie mit sechs Nägeln unter dem Huf fest. Aber keine Angst: Das tut dem Pferd nicht weh!

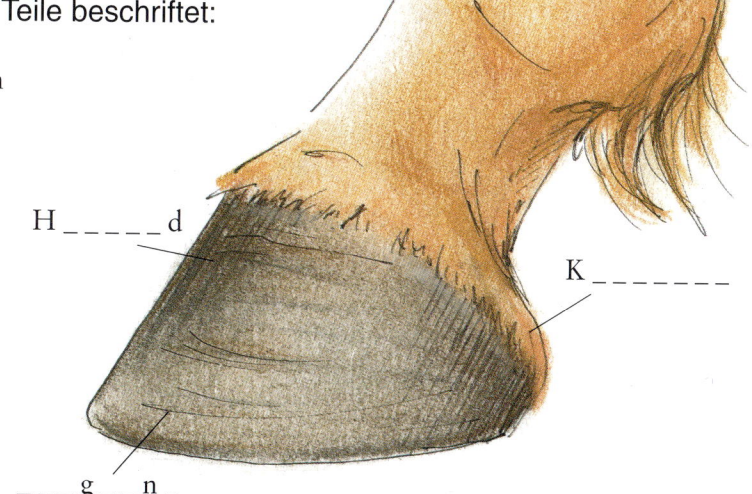

H _ _ _ _ _ d   K _ _ _ _ _ _ _

_ _ _ g _ _ n _

Pferde in allen Farben

Viele Pferde haben am Kopf oder an den Beinen eine weiße Zeichnung. Das nennt man Abzeichen. Abzeichen helfen, Pferde voneinander zu unterscheiden. Sie haben verschiedene Bezeichnungen und man erwähnt sie, wenn man Pferde beschreibt.
Die Abzeichen an den Pferdebeinen haben zum Teil lustige Namen.

Dieser Fuchs hat eine breite Blesse.

Dieser Braune trägt zum Beispiel einen „hochweißen Fuß".

Dieser Braune hat nur wenige weiße Haare auf der Stirn. Sie bilden eine Flocke.

Das Abzeichen dieses Fuchses nennt man einen Stern.

Und der Fuchs ist vorne weiß gestiefelt.

Wenn ein Pferd eine „Laterne" trägt, wie dieser Fuchs, ist fast der ganze Kopf weiß.

Mit seiner Schnippe sieht dieser Rappe lustig aus.

Dieser Braune hat weiße Socken.

Pferde gibt es in den unterschiedlichsten Farben. Die bekanntesten sind Schimmel und Rappen, Füchse und Braune. Schimmel werden nicht weiß geboren. Als Fohlen sind sie schwarz, braun oder fuchsfarben, und erst im Laufe der Jahre werden sie zunächst Grau- oder Rotschimmel und dann schneeweiß. Rappen sind schwarz, aber selten tiefschwarz. Meist haben sie einen leichten Braunton im Fell.

Füchse und Braune sind für Anfänger schwer zu unterscheiden. Ich muss mir aber nur eine einfache Regel merken: Braune haben ein braunes Fell. Mähne und Schweif sind schwarz. Füchse dagegen haben braunes

Friesen sind immer schwarz

Körperhaar und helles oder gleichfarbenes Langhaar. Bei manchen Pferderassen findet man auch schwarze Abzeichen an den Beinen und am Körper. Meist sind es Streifen, die an die

Brauner, Grauschimmel und Fuchs – ein hübsches Trio

Meine Lieblings-Pferdefarbe habe ich gezeichnet. Es ist ein _____

Zeichnung des Zebras erinnern. Falbe Pferde haben oft einen Aalstrich, also einen dunklen Streifen vom Widerrist bis zum Schweif. Alle diese dunklen Abzeichen erinnern an die Wildfarbe des Pferdes. Man findet sie auch hauptsächlich bei urwüchsigen Pferde- und Ponyrassen, zum Beispiel bei Norwegern und Dülmenern. Weiße Abzeichen sind dagegen ein Zeichen dafür, dass die Vorfahren dieses Pferdes schon lange als Haustiere bei den Menschen leben.

Pferderassen der Welt

Auf der Welt gibt es Hunderte von Warmblut-, Kaltblut-, Vollblut- und Ponyrassen. Jedes Land hat besondere Pferderassen hervorgebracht.
In Deutschland züchtet man vor allem Warmblüter, wie zum Beispiel Westfalen, Hannoveraner, Württemberger, Oldenburger, Holsteiner, Mecklenburger und Trakehner.
In Großbritannien gibt es besonders viele Ponyrassen. Sehr bekannt sind die kleinen Shetland-Ponys. Exmoor- und Dartmoor-Ponys leben noch frei in großen Moorgebieten. Viele Kinder machen auf den freundlichen Welsh-Ponys die ersten Reiterfahrungen.
Aus Irland kommen die springfreudigen Connemara-Ponys und die lustigbunten Tinker. Oft sieht man Pferde aus Norwegen

Ich sammle Pferderassen

Jede Pferderasse ist anders, und es macht großen Spaß, Pferde verschiedener Rassen auszuprobieren und ihre Eigenarten miteinander zu vergleichen. Hier habe ich aufgeschrieben, welche Pferderassen ich schon geritten habe:

_____

_____

_____

und Island. Fjordpferde und Isländer sind meistens gutmütig und hervorragende Familienpferde. Nur weil ein Pferd zu den Kleinpferden gehört, heißt das noch lange nicht, dass es ausschließlich von Kindern geritten werden kann. Die meisten Pferderassen auf der Welt liegen im Stockmaß zwischen 140 und 155 cm. Dazu gehören zum Beispiel auch das berühmte arabische Vollblut und das Quarter Horse, das Pferd des amerikanischen Cowboys.

Das ist _____

Er ist ein _____
und diese Rasse gefällt mir besonders gut.

Steckbrief

Quarter Horse Ursprünglich war das Quarter Horse das Pferd des amerikanischen Cowboys. Auch heute noch wird es schwerpunktmäßig in allen Disziplinen des Westernreitens eingesetzt, außerdem in Rennen über die Viertelmeile – "a quarter of a mile".

Steckbrief

Welsh-Pony Welsh-Ponys züchtet man in verschiedenen Größen, als Reit- und Fahrpferde für Kinder und Erwachsene. Die kleinsten sind die Welsh Mountain Ponys. Sie sind nur etwa 120 cm hoch. Die größten heißen Welsh Cobs und haben etwa 150 cm Stockmaß.

Steckbrief

Haflinger
Haflinger liegen im Stockmaß um 140 cm. Es sind immer Füchse mit hellem Behang. Die Pferderasse kommt ursprünglich aus Österreich, wird inzwischen aber in vielen Ländern Europas nachgezüchtet. Haflinger sind hervorragende Freizeit- und Familienpferde.

Steckbrief

Achal-Tekkiner
Achal-Tekkiner sind russische Vollblutpferde. Sie liegen im Stockmaß meist über 160 cm. Neben ihrem schlanken, hochbeinigen Körperbau ist der Goldglanz im Fell charakteristisch für die Rasse. Achal-Tekkiner sind sehr schnelle und ausdauernde Pferde.

Steckbrief

Araber
Das arabische Vollblut gehört zu den ältesten Pferderassen der Welt. Auch der Shagya-Araber aus Ungarn und viele Pferde mit hohem arabischen Blutanteil dürfen sich „Araber" nennen. Araber sind sehr menschenbezogen und freundlich, aber auch recht temperamentvoll.

Steckbrief

Andalusier und Lusitano
Andalusier kommen aus dem Süden Spaniens, Lusitanos aus Portugal. Beide Rassen sind nah miteinander verwandt. Im Stockmaß liegen sie meist zwischen 150 und 160 cm. Andalusier und Lusitanos sind besonders geeignet für die klassische Dressur.

Die Sprache der Pferde

①
So sehen Pferde aus, wenn sie nach dem Füttern ein bisschen vor sich hin dösen. Ruft ein träumendes Pferd immer an, bevor ihr zu ihm geht. Sonst erschrickt es und könnte weglaufen oder ausschlagen.

②
Dieses Pferd ist aufmerksam, interessiert und guter Stimmung. Vielleicht sieht es gerade, wie sein Pflegemädchen mit dem Fahrrad um die Ecke kommt. Oder es freut sich auf's Abendfutter.

③
Wenn ein Pferd die Ohren zurücklegt und womöglich noch die Zähne bleckt, ist Vorsicht geboten. Es kann dann beißen oder schlagen.

④
Dieses Bild zeigt ein alarmiertes Pferd. Es hat etwas Spannendes gesehen und schwankt nun zwischen Hinschauen und Weglaufen. Hast du ein solches Pferd am Führstrick, musst du ihm gut zureden, damit es sich nicht für Letzteres entscheidet.

Wir verstehen uns! Mein Lieblingspferd und ich

Wenn ich in den Stall komme, schaut mir mein Lieblingspferd _____ schon aufmerksam entgegen. Natürlich freut es sich auf einen Leckerbissen, aber das ist nicht alles. Mein Lieblingspferd hört auch gern zu, wenn ich mit ihm rede. Manchmal hocke ich mich ganz allein zu ihm in den Stall, und dann kann ich ihm alles erzählen – zum Beispiel, was in der Schule wieder schiefgegangen ist oder vom Streit mit meiner Freundin. Manchmal fährt es dann mit seiner großen, weichen Nase über mein Haar, als ob es mich trösten wollte. Aber natürlich erzähle ich _____ auch schöne Dinge. Pferde hören es sehr gern, wenn man sie lobt und ihnen sagt, wie samtweich und glänzend ihr Fell ist und was für wunderschöne Augen sie haben. Manche Leute finden es albern, mit Pferden zu reden. Aber ich weiß, dass _____ _____ mich versteht.

Ein Schnappschuss von _____

Die Pferdefamilie

In der Freiheit leben Pferde in Familiengruppen zusammen. Meistens gehören zwei bis drei Stuten zu einem Hengst.
Eine Leitstute führt die Herde. Sie bestimmt, wohin die Pferde zum Fressen gehen und an welcher Wasserstelle sie trinken.
Der Hengst passt auf seine Stuten auf. Er verteidigt sie aber nur selten gegen Raubtiere. Meistens flüchtet die ganze Herde, wenn ein Feind in Sicht kommt.

In jedem Frühjahr kommen Fohlen zur Welt. Die Stutfohlen bleiben manchmal ihr ganzes Leben in der Herde, die Hengstfohlen werden mit etwa einem Jahr vom Hengst verjagt. Dann bilden sie Junggesellengruppen, bis sie eine oder mehrere Stuten finden, mit denen sie eine eigene Familie gründen können. Meistens müssen sie mit anderen Hengsten um diese Stuten kämpfen. Nur die stärksten und geschicktesten Hengste werden auch Familienväter.

Pferde brauchen Freunde – genau wie wir Menschen. In jeder Pferdeherde gibt es Tiere, die sich mehr oder weniger sympathisch sind. Mit seinen Freunden steht das Pferd gern zusammen, es krault ihnen das Fell oder legt ihnen den Kopf auf den Rücken. Wenn Pferde sich nicht mögen, gehen sie sich meistens aus dem Weg. Begegnen die Feinde sich doch, so dro-

In der Herde sind Pferde glücklich

hen sie einander und mitunter wird sogar gebissen oder geschlagen. Einsame Pferde suchen sich oft Freunde unter anderen Tieren, zum Beispiel unter Schafen, Ziegen oder Rindern. Auch wir Menschen können ihre Freunde sein, aber unsere Freundschaft allein genügt ihnen nicht. Schließlich schlafen wir nicht bei ihnen im Stall, sondern sehen sie nur wenige Stunden am Tag. Mit seinen vierbeinigen Freunden kann das Pferd dagegen Tag und Nacht zusammen sein.

Willst du etwa Streit?

Lass uns Freunde sein!

Wir verstehen uns!

So fühlen Pferde sich am wohlsten

Wir Reiter und Reiterinnen müssen dafür sorgen, dass unsere Pferde artgerecht gehalten und gut gepflegt werden. Dazu verpflichtet uns das Tierschutzgesetz. Artgerechte Haltung bedeutet, einem Tier möglichst die gleichen Lebensbedingungen zu bieten wie in der Freiheit. Das geht natürlich nur in eingeschränktem Maße, aber wenn man ein paar wichtige Regeln beachtet, kann man viel dafür tun, damit Pferde sich wohlfühlen.

Pferde sind Herdentiere. Sie brauchen die Gesellschaft und den Schutz einer Gruppe von Artgenossen.

Regel Nummer 1 für artgerechte Haltung heißt also: *Ein Pferd hält man nie allein!*

Pferde sind dauernd in Bewegung. In der freien Natur ziehen sie langsam von einem Weideplatz zum anderen, aber auch auf der Weide wandern die Pferde den ganzen Tag herum. Die stetige, ruhige Bewegung hält ihren Verdauungsapparat in Gang. Wenn ein Pferd den ganzen Tag herumstehen muss, wird es früher oder später krank.

Mal gucken, was das ist!

In der Freiheit finden Pferde immer saubere Fress- und Schlafplätze. Auf der Weide teilen sie die Grasfläche auf in Stellen, an denen sie fressen und schlafen, und andere, wo sie misten. Pferde hassen es, in ihrem Mist zu schlafen und ihren Urin zu riechen. Wenn man sie dazu zwingt, macht es sie krank. Deshalb müssen wir für saubere Ställe und Ausläufe sorgen.

Regel Nummer 4 für artgerechte Haltung besagt folglich: *Pferde brauchen saubere Ställe und Ausläufe.*

Daraus ergibt sich die Regel Nummer 2 für artgerechte Haltung:
Pferde brauchen viel Bewegung und viel frische Luft.

Pferde sind an allem interessiert. Wenn man einen Eimer oder Putzzeug in ihrem Auslauf oder ihrem Stall vergisst, macht es ihnen Spaß, die Dinge ausführlich zu untersuchen. Auch in einer freilebenden Herde ist immer etwas los. Wenn ein Pferd allein im dunklen Stall steht, langweilt es sich.

Regel Nummer 3 für artgerechte Haltung heißt daher:
Pferde brauchen Beschäftigung und Unterhaltung.

Mit so vielen Freunden ist es nie langweilig

Ein Stall für mein Pferd

Das ist ein Bild von _____

Unser Reitstall
Zu unserer Reitanlage gehören:

Reithalle _____ ☐
Springplatz _____ ☐
Außenplatz _____ ☐
___ Boxen für Schulpferde _____ ☐
___ Boxen für Privatpferde _____ ☐
___ Offenstallplätze für Schulpferde _____ ☐
___ Offenstallplätze für Privatpferde _____ ☐
Ausläufe für die Privatpferde _____ ☐
Ausläufe für die Schulpferde _____ ☐
Weiden für Schul- und Privatpferde _____ ☐
Sattelkammer _____ ☐
Reiterstübchen _____ ☐

Kommt da vielleicht mein Mensch?

Ein Stall für mein Traumpferd

Wenn ich ein eigenes Pferd habe, soll es so untergebracht werden, dass es sich wohlfühlt.

Hier habe ich den Stall für mein Wunschpferd eingerichtet. Die Weide und die offenen Ställe würden ihm sicher gefallen. Und Gesellschaft hätte es hier auch. Aber ob ich wirklich eine Schubkarre in meiner Lieblingsfarbe finde?

So leben unsere Pferde heute

Pferdehaltung im Reitstall
Die meisten Pferde leben in Reitställen. Da hat jedes seine Einzelbox und kommt nur zum Reiten heraus. Eine solche Haltung ist nicht artgerecht, aber wenn man sich etwas Mühe gibt, lässt sich das Leben auch für Reitstallpferde verbessern. Privatpferdebesitzer können ihre Pferde zum Beispiel jeden Tag auf die Weide lassen, damit sie sich frei bewegen können. Im Winter kann man den Springplatz oder den Außendressurplatz als Auslauf nutzen. Die Reitschülerinnen bringen die Schulpferde gern nach der Stunde heraus. Auslauf und Gesellschaft für Reitschulpferde ist oft nur eine Frage des guten Willens beim Reitlehrer oder Stallmeister.

Pferdehaltung im Offenstall
Ein Offenstall ist die ideale Haltungsanlage für Pferde aller Rassen. Darunter versteht man einen winterfesten, stabilen Stall, dessen Tür immer offensteht. Sie führt auf einen befestigten Stallvorplatz oder gleich in einen Auslauf. Die Pferde können sich dann aussuchen, ob sie lieber im Stall oder draußen stehen wollen. Die Anlage eines Offenstalles ist nicht einfach. Es genügt

Auf der Weide fühlen sich alle Pferde wohl

nicht, einen Schuppen aufzustellen und daneben ein Stück Land einzuzäunen. Schließlich braucht man auch Räume für die Lagerung des Winterfutters und des Sattelzeugs. Außerdem muss der Auslauf meist trocken gelegt werden, damit die Pferde nicht im Matsch stehen.

Pferdehaltung auf der Weide
Besonders junge Pferde und Zuchtpferde kann man auch ganzjährig auf der Weide halten. Wenn ein ordentlicher Schuppen als Unterstand vorhanden ist und genügend Weideland, so ist das kein Problem. Die meisten Pferde leben aber nur im Sommer auf der Weide. Im Winter sind sie im Offenstall besser aufgehoben.

Regeln für artgerechte Pferdehaltung

1. _____

2. _____

3. _____

4. _____

Pferde füttern – aber richtig

Der Pferdemagen ist sehr empfindlich. Er ist nicht darauf eingerichtet, große Futtermengen auf einmal zu verdauen, sondern erwartet stetig kleine Portionen. Das kommt vom Futterverhalten der Pferde in Freiheit, wo sie sich ständig hin und her bewegen und dabei kleine Bissen Gras und Kräuter zu sich nehmen. Wenn wir ein Pferd gesund füttern wollen, ist es deshalb besser, ihm mehrere kleine Mahlzeiten am Tag zu geben als eine oder zwei große.

Es macht großen Spaß, Pferde mit einem Leckerbissen zu verwöhnen. Weidepferde kommen dazu gern an den Zaun, und Stallpferde strecken die Hälse weit aus der Box, um möglichst schnell an das Leckerli zu kommen. Ich füttere aber nie fremde Pferde, ohne ihren Besitzer vorher zu fragen. Ich muss mir auch gut überlegen, was ich füttere. Würfelzucker zum Beispiel ist verboten, denn davon bekommen Pferde Karies, genau wie Menschen. Auch beim Brot heißt es aufpassen. Frisches Brot vertragen Pferde nicht sehr gut, und schimmeliges Brot ist giftig.

Gib mir was ab!

Bei Mama schmeckt's am besten

Hier frisst _____

Also kommt nur hartes, getrocknetes in Frage. Weidepferde füttere ich grundsätzlich nicht mit Zweigen von Bäumen, die ich nicht genau kenne. Es könnten Giftpflanzen sein, und das wäre sehr gefährlich für die Pferde. Gesund sind dagegen die Leckerbissen, die es in Reitsportgeschäften zu kaufen gibt. Außerdem kann man Leckerbissen selbst backen.

Die Futtergrundlage für Pferde besteht im Sommer aus Gras, im Winter aus Heu. Stallpferde werden auch im Sommer mit Heu gefüttert. Man unterteilt die Futtermittel der Pferde in Saftfutter, Raufutter und Kraftfutter. Dazu gibt es meist noch ein Vitamin-Mineralstoffgemisch, und auch ein Salzleckstein darf im Stall oder auf der Weide nicht fehlen.

Kraftfutter
Kraftfutter verhilft dem Pferd zu Energie und Leistungsbereitschaft bei der Arbeit. Es wird nur gebraucht, wenn das Pferd geritten wird oder andere Arbeit tut. Das wichtigste Kraftfutter bei uns ist Hafer. Außerdem gibt es Kraftfuttermischungen als Pellets fertig zu kaufen.

Saftfutter
Unter Saftfutter versteht man alle frischen Futtermittel wie zum Beispiel Gras. Auch Möhren, Futterrüben, Rote Bete und Äpfel gehören dazu.

Raufutter
Raufutter braucht das Pferd vor allem im Winter, wenn es viel im Stall steht. Dann knabbert es gern an Heu oder Stroh, am liebsten an Weizen- oder Haferstroh. Es ist wichtig, an Pferde nur gutes Heu zu verfüttern. Die Ballen müssen grün aussehen und nach Kräutern duften. Schimmeliges und staubiges Heu verursacht Husten.

Wieviel Futter ein Pferd bekommt, hängt von seiner Größe, seiner Arbeitsbelastung und seiner ganzen Art ab. Es gibt gute und schlechte Futterverwerter.

In der Futterkiste ist Platz für Kraft-, Saft- und Raufutter. Ich habe sie selbst gefüllt.

Hier habe ich aufgeschrieben, wie viel Futter die Pferde
_____ und _____ erhalten.

Gesunde Leckerbissen
für unsere Pferde

Futterplan

Name:		
Beschreibung:		
Morgen-fütterung:		
Mittags-fütterung:		
Abend-fütterung:		
Weidegang in Stunden:		

Pferde sind Gewohnheitstiere. Sie mögen feste Futterzeiten und wissen ganz genau, wann es soweit ist. Wenn die Pferde fressen, möchten sie ihre Ruhe haben. Während der Futterzeiten ist deshalb kein Betrieb im Stall erlaubt.

Dies sind die Futterzeiten in unserem Reitstall:
Morgenfütterung: _____
Mittagsfütterung: _____
Abendfütterung: _____

In diesem Korb ist das Lieblingsfutter von

_____

Vorsicht Giftpflanzen!

Auf der Weide passen Pferde meistens auf, welche Pflanzen sie zu sich nehmen. Die meisten haben noch ein recht gutes Gespür dafür, was ihnen bekommt und was nicht. Viele Giftpflanzen schmecken auch nicht besonders gut, Hahnenfuß zum Beispiel schmeckt bitter. Er verliert aber diesen Geschmack, wenn er abgeschnitten und angewelkt ist. Deshalb dürfen Pferde auch nicht auf Wiesen, deren Geilstellen man gerade geschnitten hat, und sie sollten nicht mit Rasenmähergras gefüttert werden. Letzteres ist auch zu kurz. Die Pferde zerkauen es nicht genug und kriegen dann leicht Bauchschmerzen.

Wenn ein Pferd beim Ausritt schnell einen Happen Gras nimmt oder ein paar Blätter von einem Baum erhascht, passt es oft nicht so gut auf, was es da frisst. Auch aufgeregte Pferde greifen mitunter erst einmal zu, ohne zu überlegen, ob das Futter bekömmlich ist. Deshalb sollte man sein Pferd auf dem Ausritt grundsätzlich nicht fressen lassen. Der Spaziergang unter dem Reiter ist Arbeit. Futter gibt es auf der Weide.

_ _ _ g _ _ h _ _

_ _ _ _ ll _ _ _ _ t

_ _ _ i e _ _ _ _ g

_ _ _ _ _ _ z _ _ l _ _

_ _ _ _ _ ö _ _ c h

Wer Pferde auf der Weide hält oder öfter einen Ausritt macht, sollte unbedingt die wichtigsten Giftpflanzen kennen. Dazu gehören: Goldregen, Eibe, Fingerhut, Liguster, Tollkirsche, Schöllkraut, Buchsbaum, Schierling, Herbstzeitlose, Maiglöckchen. Hier habe ich ihre Namen neben die Zeichnungen geschrieben.

Das darf mein Pferd nicht fressen:

_____ _____
_____ _____
_____ _____
_____ _____
_____ _____

G _ _ _ _ _ _ e _

_ i g _ _ _ _ _

E _ _ e

_ _ _ _ _ b _ _ m

T _ _ _ k _ _ _ _ _ _

Aufhalftern und Führen

Hier halftere ich

Bevor ich reiten kann, muss ich mein Pferd natürlich putzen. Das hat es gern und auch mir macht es Spaß. Trotzdem binde ich es zum Putzen an, denn es soll dabei nicht herumhampeln oder weglaufen. Nachdem es sich brav hat aufhaltern lassen, frisst das Pferd gern einen Leckerbissen.

Zum Führen wird ein Strick am Stallhalfter befestigt. Den fasse ich mit der rechten Hand eine Handbreit unter dem Pferdekopf. Das andere Ende lege ich in Schlaufen und halte es in der linken Hand. Ich darf mir den Führstrick nie um die Hand schlingen, denn dann würde ich mich verletzen, wenn das Pferd einmal erschrickt und durchgeht. Beim Führen achte ich darauf, dass das Pferd brav neben mir hergeht und nicht unerzogen herumzappelt.

Hier führe ich

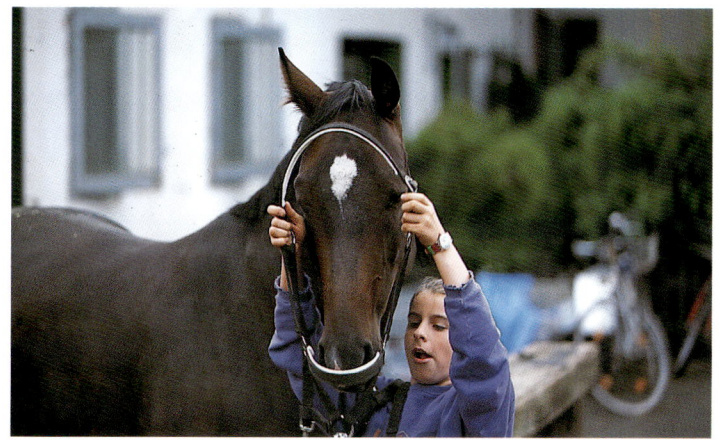

Beim Aufhaltern stehe ich neben dem Pferd, denn es erschrickt, wenn ich mit dem Halfter von vorn komme.

Ich lege ihm das Nasenteil des Halfters um, ziehe das Halfter hoch und schließe die Schnalle. Bei manchen Pferden muss ich mich dazu ganz schön strecken!

Manche Halftermodelle muss ich dem Pferd über die Ohren ziehen, bevor ich sie schließen kann. Dann wird die Mähne vorsichtig darunter geordnet, und ich muss aufpassen, dass ich kein Ohr abknicke.

Anbinden will gelernt sein

Hier habe ich _____ an _____ angebunden. Das ist ein sicherer Platz!

Ein Pferd darf nur an einem sicheren Anbindeplatz festgemacht werden. Er muss so fest sein, dass er einem ziehenden Pferd standhält, und in seiner Nähe dürfen keine Gegenstände stehen oder liegen, an denen das Pferd sich verletzen kann. Wenn ein Pferd erschrickt und in Panik zurückzerrt, muss der Strick sich lösen, denn sonst kann es hinfallen und sich verletzen. Ich wähle deshalb immer einen Strick mit einem Panikhaken, der sich öffnet, wenn das Pferd scheut. Außerdem binde ich es mit einem Sicherheitsknoten an.

Auch auf die Länge des Anbinders muss ich achten. Binde ich das Pferd zu lang und dann vielleicht noch zu niedrig an, so gerät es beim Scharren oder Herumwandern leicht mit dem Huf über den Anbindestrick. Es kann dann erschrecken und scheuen. Binde ich es dagegen zu kurz an, so

könnte das Pferd in Panik geraten, weil es zu wenig Bewegungsfreiheit hat. Es muss schon den Kopf wenden und sich ein wenig umsehen dürfen.
In manchen Ställen besteht die Möglichkeit, das Pferd auf der Stallgasse mit zwei Stricken anzubinden. Die werden dann rechts und links in die Seitenringe des Halfters eingehakt. Eine solche Anbindeart ist sehr sicher und hält das Pferd zuverlässig auf seinem Platz, wenn man ihm zum Beispiel die Mähne kürzen oder einflechten möchte.

Hier binde ich mein Pferd nicht an:
- an einem Pferdehänger, der nicht an ein Auto gekoppelt ist.
- an einem Ast, den es abreißen kann.
- neben einer schlecht abgedeckten Grube.
- _____
- _____

Ein kleiner Trick zum Anbinden:
Wenn kein Anbindestrick mit Panikhaken vorhanden ist, kann man auch ein Strohbändchen zwischen Halfter und Strick oder Strick und Anbinder knoten. Das dünne Band reißt, wenn das Pferd in Panik gerät.

Mein Pferd soll sauber sein!

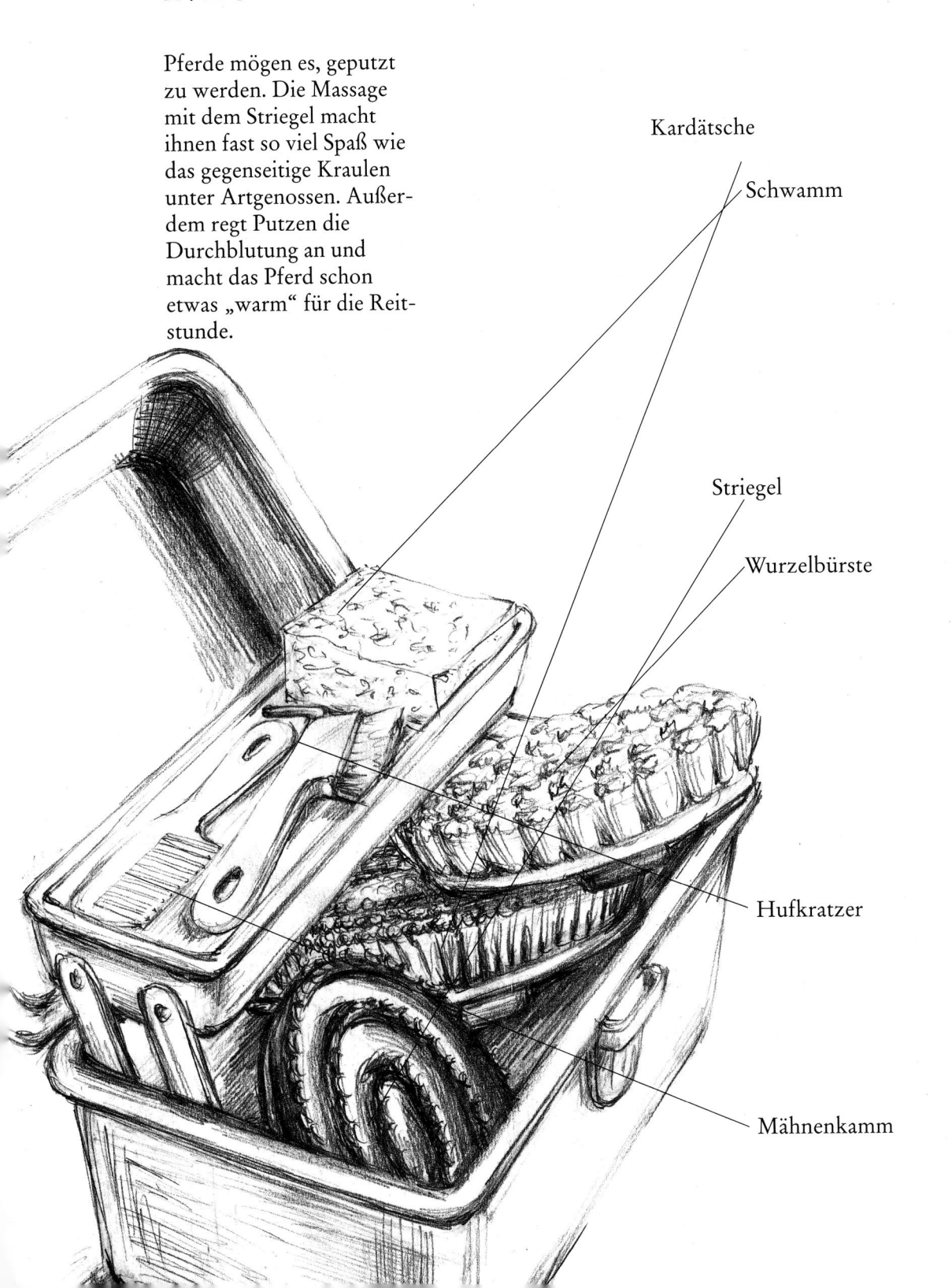

Pferde mögen es, geputzt zu werden. Die Massage mit dem Striegel macht ihnen fast so viel Spaß wie das gegenseitige Kraulen unter Artgenossen. Außerdem regt Putzen die Durchblutung an und macht das Pferd schon etwas „warm" für die Reitstunde.

Kardätsche

Schwamm

Striegel

Wurzelbürste

Hufkratzer

Mähnenkamm

Striegel
Mit dem Striegel entferne ich den Schmutz aus dem Pferdefell.

Kardätsche
Die Kardätsche bürstet nach dem Striegeln den Staub aus dem Pferdefell. Nach jeweils ein oder zwei Strichen streife ich den Schmutz am Striegel ab.

Schwamm
Zu jedem Putzzeug gehören zwei Schwämme: einer für das Auswischen der Augen und Nüstern, einer für After und Euter oder Schlauchbereich.

Hufkratzer
Mit dem Hufkratzer reinige ich vor und nach dem Reiten Strahl und Strahlfurchen.

Wurzelbürste
Mit der Wurzelbürste werden die Hufe abgewaschen, ehe ich sie fette oder teere.

Mähnenkamm
Mähnen- oder Schweifhaar muss sehr vorsichtig behandelt werden. Zum Durchbürsten teile ich die Mähne meines Pferdes deshalb in kleine Strähnen, halte sie am Haaransatz fest und entwirre sie behutsam.

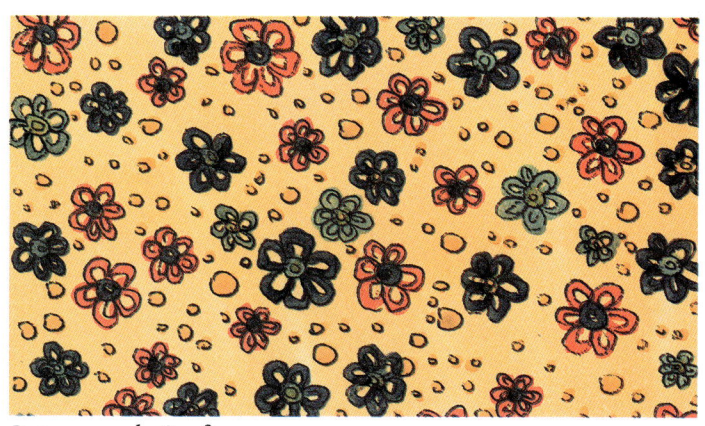

Putzen macht Spaß

Im Reitstall gibt es für jedes Pferd eine eigene Putzkiste. Das ist wichtig, damit eventuelle Hautpilze oder andere Hautkrankheiten nicht von einem Pferd zum anderen übertragen werden.
Die Säuberung meines Pferdes beginne ich mit dem Striegeln. Dabei wird der grobe Schmutz aus dem Pferdefell geholt. Bei Pferden mit dickem Fell nehme ich dazu einen Eisenstriegel, bei empfindlichen Pferden lieber den Gummistriegel.
Zum Abbürsten des Fells nehme ich eine Kardätsche. Sie wird zwischendurch öfter am Striegel abgestrichen. Natürlich bürste ich immer mit dem Strich, denn nur so findet das Pferd die Pflege angenehm. Den Striegel klopfe ich ab und zu auf dem Boden aus.
Anschließend wird die Mähne mit dem Mähnenkamm gebürstet oder gekämmt. Der Schweif wird verlesen, das heißt, man ordnet die einzelnen Haarsträhnen vorsichtig mit der Hand. Zuletzt wische ich mit dem Schwamm über Nüstern und Augen des Pferdes. Mit einem weiteren kann ich den After reinigen und bei Stuten auch mal den Euterbereich abwaschen. Aber Vorsicht: Viele Pferde sind kitzelig!
Zum Aufheben der Hufe stehe ich neben dem Pferd. Dann kann es mich nicht verletzen, falls es erschrickt und ausschlägt. Ich fahre am Bein entlang abwärts und fasse das Fesselgelenk. Dabei sage ich „Huf!" oder „Fuß!". Die Hufe kratze ich besonders gründlich aus und kontrolliere, ob nirgends ein Stein verklemmt ist.

Ich putze

An warmen Sommertagen genießt es mein Pferd, nach dem Reiten abgewaschen oder geduscht zu werden. Dazu beginne ich an den Beinen und arbeite mich dann langsam von der Schulter des Pferdes nach hinten durch. Der Kopf wird natürlich nicht abgebraust – Pferde hassen Wasser in den Ohren! – und auch bei der Nierenpartie bin ich vorsichtig. Kalte Wassergüsse in diesem Bereich sind besonders für erhitzte Pferde gefährlich.

Nach der Dusche wird das Pferd mit dem Schweißmesser abgestrichen, damit es schneller trocknet.
Wenn mein Pferd besonders sauber werden soll, kann ich es auch mal mit Pferdeshampoo abwaschen. Anschließend muss es aber gut abgespült werden, denn wenn Shampoo im Fell verbleibt, juckt es.
Pferde mögen es leider gar nicht, frisch gewaschen zu sein. Sie würden sich nach dem Bad am liebsten gleich wälzen. Das darf man aber

Kleine Tricks beim Putzen

Wenn mein Pferd besonders glänzen soll, putze ich es mit einer weichen Bürste, die ich dann nicht am Striegel, sondern an einem feuchten Schwamm abstreiche. Danach bekommt das Fell mit einem Baumwolltuch oder einem Stück Schaffell den letzten Schliff. Auch Abreiben mit einem öligen Lappen oder einem feuchten Fensterleder gibt dem Fell besonderen Glanz.

auf keinen Fall erlauben, bevor sie trocken sind. Sonst war die ganze Mühe umsonst!
Vor Tunieren werden Pferdemähnen und Schweife eingeflochten. Viele Reiter halten die Mähnen ihrer Pferde kurz und flechten sie dann nur zu kleinen Zöpfchen. Manchmal sieht man aber auch langhaarige Pferde, die sehr kunstvoll eingeflochten sind. Das dauert natürlich recht lange, aber es lohnt sich. Mitunter versuchen Reiter, Zeit zu sparen, indem sie die Pferdeschweife nicht flechten, sondern das seitliche Haar abrasieren. Das ist aber unangenehm für das Pferd, denn das Deckhaar schützt es vor Feuchtigkeit. Fehlt es, so wird die Schweifrübe bei Regen nass. Außerdem piekt es an den empfindlichsten Stellen des Pferdes, wenn das Haar nachwächst.

Hübsch geflochten

Hier kratze ich

die Hufe aus.

So bleibt mein Pferd gesund

Wer ein eigenes Pferd hat oder haben möchte, muss die wichtigsten Dinge über Gesundheitsvorsorge und erste Hilfe im Krankheitsfall wissen. Pferde müssen regelmäßig geimpft werden, zum Beispiel gegen Tetanus, genau wie wir Menschen. Außerdem sind Impfungen gegen Husten und Tollwut möglich. Sehr wichtig sind Wurmkuren, denn Pferde haben immer ein paar Darmparasiten. Wurmkuren müssen mindestens dreimal, besser viermal im Jahr durchgeführt werden.

Am besten stellt man einen Gesundheitsplan auf und trägt ein, wann welche Vorsorgemaßnahmen getroffen wurden.

Sehr vielen Krankheiten und Verletzungen kann man durch richtige Haltung und Pflege des Pferdes vorbeugen. So achtet man zum Beispiel darauf, dem Pferd keine plötzlichen Futterumstellungen zuzumuten, denn davon bekommt es leicht Kolik. Besonders im Frühjahr fressen die Pferde oft zu viel von dem frischen Gras, wenn sie zum ersten Mal auf die Koppel kommen. Dann ist es wichtig, sie langsam an den Weidegang zu gewöhnen.
Ein erhitztes Pferd stellt man nicht in den zugigen Stallgang, es könnte sich sonst eine Erkältung holen. An kalten Tagen sollte das schweißnasse Pferd nach dem Reiten schnell eingedeckt werden, damit es nicht friert.
Viele Pferdekrankheiten sind ansteckend, zum Beispiel Husten oder Druse. Deshalb lässt man sein Pferd vorsichtshalber nie an fremden Pferden schnuppern. Beim Nasenkontakt werden die Krankheitskeime nämlich besonders leicht übertragen. Außerdem neigen Pferde nach dem ersten Schnuppern

Gesund und munter – so wünsche ich mir mein Pferd

Vorsicht – fremde Pferde sollten sich nicht beschnuppern

fühlen und ausschlagen. Dabei kann auch versehentlich der Reiter auf dem hinteren Pferd getroffen werden! Wenn ein Pferd gerade aus dem Stall kommt und lange gestanden hat, muss es erst einmal warm werden. Man beginnt die Reitstunde deshalb niemals im Trab, sondern immer mit einer langen Schritteinlage. Später wird das Pferd dann in ruhigem Trab gelockert. Unterlässt man dieses „Lösen" und fordert gleich schnelle Gangarten und Wendungen oder gar Sprünge, so kann das Pferd stolpern und sich vertreten. Die Folge sind dann Lahmheiten, unter Umständen sogar Sehnenverletzungen. Nach dem Reiten sollten die Beine des Pferdes kalt abgespritzt werden. Das härtet ab und beugt Sehnenschäden vor.

dazu, nach vorne auszuschlagen. Dabei können sie sich verletzen.
Beim Reiten in der Gruppe hält man immer genügenden Abstand zum vorderen Pferd, mindestens eine Pferdelänge. Ansonsten könnte sich das vorn gehende Pferd gestört

Unser Tierarzt

Name _____

Straße _____

Ort _____

Telefon _____

Krankheitsanzeichen beim Pferd

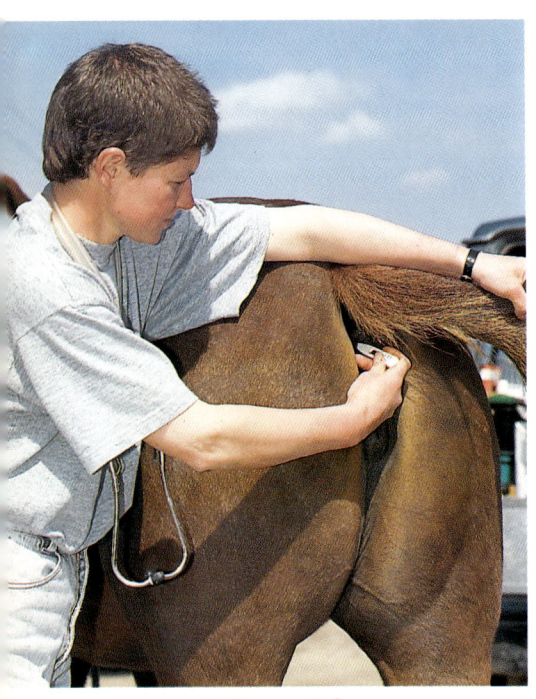

Gekonnt Fieber messen

- **Unruhe und Schwitzen**
Das sind oft Anzeichen für Bauchschmerzen. Auch wenn sich das Pferd oft hinlegt und wälzt, kann eine Kolik die Ursache sein. Man ruft dann sofort den Tierarzt oder die Tierärztin.
- **Fehlende oder besonders starke Darmgeräusche**
Sie sprechen ebenfalls für Kolik. Bei einem gesunden Pferd kann man es im Bauch rumoren hören, wenn man das Ohr daranlegt und horcht.
- **Schmutziges und stumpfes Fell, trauriger, matter Blick**
Spätestens, wenn das Pferd das Futter verweigert, wird es Zeit, Fieber zu messen.
- **Fieber**
Die normale Temperatur des Pferdes liegt bei 37,5 bis 38,2 Grad Celsius. Man misst mit einem normalen Thermometer im After des Pferdes.
- **Nasenausfluss**
Wenn das Pferd hustet oder Schleim und Eiter an den Nüstern hat, hat es wahrscheinlich eine Virusinfektion. So eine Pferdegrippe muss man sehr ernst nehmen. Der Tierarzt oder die Tierärztin behandelt sie mit Spritzen und Hustensaft. Die meisten Pferde mögen auch Hustentee und Kräutermischungen gegen Husten.
- **Erhöhte Atemfrequenz**
Normalerweise atmet ein Pferd 8- bis 16-mal in der Minute, nach Anstrengungen natürlich schneller. Wenn dieser Wert stark überschritten ist, obwohl das Pferd Ruhe hat, spricht auch das für eine Erkrankung. Ob das Pferd krank ist oder sich vielleicht auf-

Wälzen kann Anzeichen für eine Kolik sein, aber diesem Isländer macht es einfach nur Spaß

regt, weil ihm etwas weh tut, muss der Tierarzt oder die Tierärztin entscheiden.

Kleine Verletzungen des Pferdes behandelt man mit einem Desinfektionsspray. Größere und tiefere Wunden müssen genäht werden. Auch bei Lahmheiten ist ein Anruf in der Tierarztpraxis fällig. Meistens muss das verletzte Bein dann gekühlt oder mit Umschlägen versehen werden.

Gesundheitsplan für _____				
Jahr	Tetanus-impfung	Grippe-impfung	Tollwut-impfung	Wurm-kuren
___	___	___	___	___
___	___	___	___	___
___	___	___	___	___

Mein Pferd ist vielleicht krank, wenn
- es unruhig ist und _____
- es in seinem Bauch _____ oder _____ rumort
- sein Fell _____ ist und es mich _____ anschaut
- seine Körpertemperatur höher ist als _____
- es Nasen_____ hat
- es _____ atmet

Sattel und Zaum für mein Pferd

Die meisten Pferde im Reitstall tragen eine Trense. Das ist ein Mundstück mit einem Gelenk in der Mitte. Wenn man die Zügel annimmt, übt es Druck auf die Zunge und den Unterkiefer, manchmal auch auf den Gaumen des Pferdes aus.
Hier habe ich die Teile der Zäumung beschriftet:

Vor dem Auftrensen wird der Zügel über den Pferdehals gelegt

Vorsichtig schiebe ich die Trense ins Pferdemaul

Zuletzt werden alle Schnallen geschlossen

5 _ _ _ _ _ _ a _ d
4 _ _ n _ c k _ _ _ _ _
7 R _ _ _ _ _ _ f _ _ _
3 B _ _ _ _ _ s t _ _ _
6 _ _ h _ _ e _ _ _
1 T r _ _ s _
2 _ ü g _ _

Die Trense wird durch das Kopfstück am Pferdekopf gehalten. Seine Einzelteile bezeichnet man als Genickstück, Stirnband, Backenstücke und Kehlriemen. Die meisten Pferde tragen dazu noch ein Reithalfter. Das hindert sie daran, das Maul aufzusperren, wenn die Zügel angenommen werden. Reithalfter heißen deshalb auch Sperrhalfter.

Zum Reiten wird das Pferd aufgesattelt. Der Sattel macht es der Reiterin leichter, richtig zu sitzen und dem Pferd klare Anweisungen zu geben. Das kommt auch dem Pferd zugute, denn Pferde finden es nicht sehr angenehm, wenn ein Reiter auf ihrem Rücken hin- und herrutscht. In verschiedenen Ländern und für unterschiedliche Reitweisen gibt es verschiedene Sättel. Auch für bestimmte Reitsportarten wie Dressur und Springen sind Spezialsättel auf dem Markt. In unseren Reitschulen tragen die Pferde aber meistens Vielseitigkeitssättel. Damit kann man eine einfache Dressur reiten und kleine Hindernisse springen. Auch auf einem Ausritt kommt man gut damit zurecht. Es ist aber

Die einzelnen Teile des Sattels heißen: Sattelkammer, Vorderzwiesel, Hinterzwiesel, Sattelpolster, Kniepauschen, Sattelblatt, Steigbügel, Steigbügelriemen und Sattelgurt.

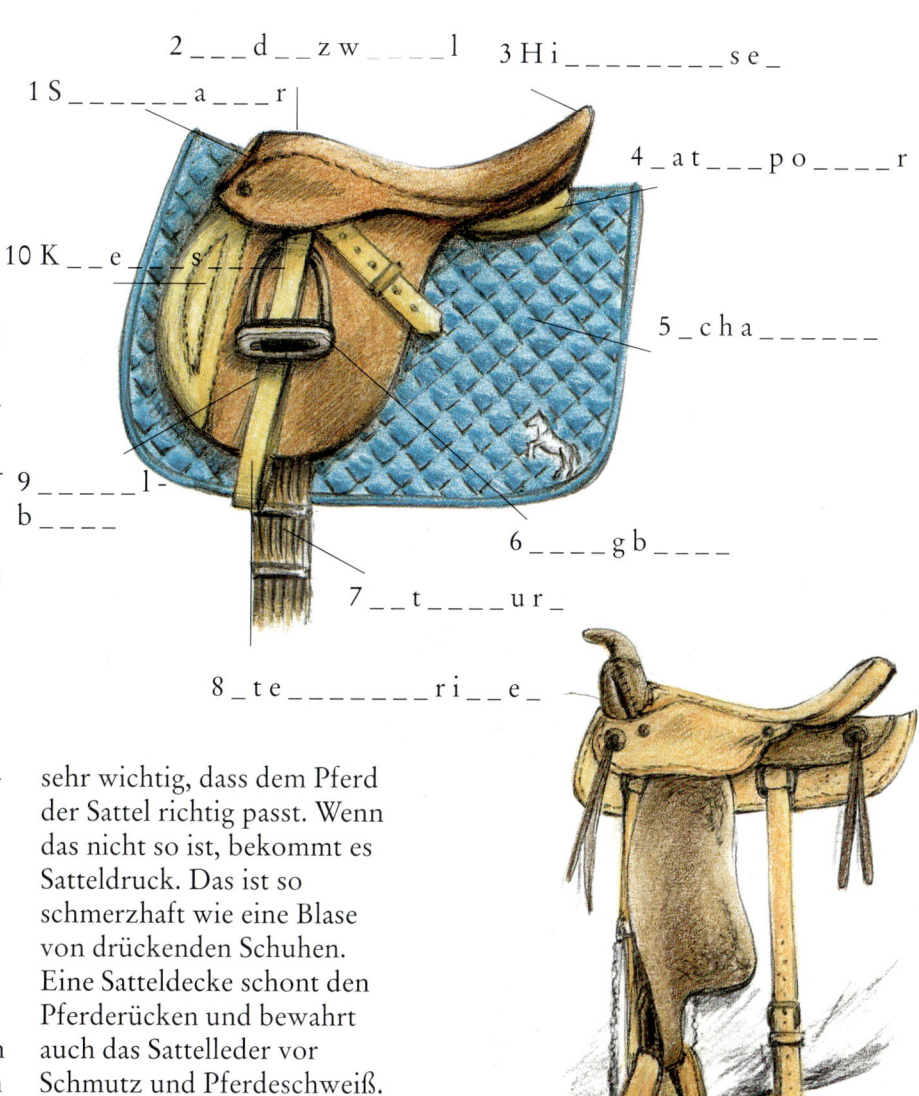

2 _ _ d _ _ z w _ _ _ _ l
3 H i _ _ _ _ _ _ _ _ s e _
1 S _ _ _ _ _ _ a _ _ _ r
4 _ a t _ _ _ p o _ _ _ _ r
10 K _ _ e _ _ _ _ s _
5 _ c h a _ _ _ _ _ _
9 _ _ _ _ _ _ l -
b _ _ _ _
6 _ _ _ _ g b _ _ _ _
7 _ _ t _ _ _ _ u r _
8 _ t e _ _ _ _ _ _ _ _ r i _ _ e _

sehr wichtig, dass dem Pferd der Sattel richtig passt. Wenn das nicht so ist, bekommt es Satteldruck. Das ist so schmerzhaft wie eine Blase von drückenden Schuhen. Eine Satteldecke schont den Pferderücken und bewahrt auch das Sattelleder vor Schmutz und Pferdeschweiß. Es gibt Satteldecken in Sattelform oder in viereckiger Form. Letztere nennt man Schabracken.

*Andere Länder –
andere Sättel*

Im Reitstall sieht man meistens Hannoversche Reithalfter und Englische Reithalfter. Englische Reithalfter sind angenehmer für das Pferd, denn sie liegen weiter oben auf der Nase und behindern es weniger. Hannoversche Reithalfter müssen immer ganz richtig verschnallt sein, sonst sperren sie dem Pferd die Luft ab.

Richtig liegen sie vier Finger breit oberhalb der Nüstern. Manche Pferde tragen auch noch ein Martingal. Dieser Hilfszügel hindert das Pferd daran, den Kopf hochzuwerfen, wenn der Reitschüler ungeschickt am Zügel zieht. Gut ausgebildete Pferde und fortgeschrittene Reiter brauchen keine Hilfszügel.

Hier ist _____ fertig zum Reiten.
Der Sattel ist ein _____ . Es hat ein _____ Reithalfter.

Zum Satteln stehe ich an der linken Seite des Pferdes und lege den Sattel mit der Satteldecke weit vorn auf. Dann ziehe ich beides nach hinten in die richtige Lage. Dabei wird die Satteldecke tief in die Sattelkammer hineingedrückt. Das nennt man „Auskammern", und es verhindert Satteldruck am Widerrist des Pferdes. Der Sattel liegt richtig, wenn zwischen Sattelgurt und Pferdevorderbein etwa eine Handbreit Platz ist. Schließlich wird angegurtet. Dabei bleibt der mittlere Sattelstrupfen als Reserveriemen frei. Wenn mein Pferd ein Martingal trägt, ziehe ich vor dem Angurten den Sattelgurt durch die Schlaufe des Hilfszügels. Natürlich erschrecke ich mein Pferd nicht, indem ich den Gurt gleich fest anziehe. Das ist für das Pferd auch sehr unangenehm. Ich gurte lieber noch einmal nach, bevor ich aufsteige.

Zum Aufzäumen lege ich zunächst die Zügel über den Hals. Ich halte das Kopfstück mit der rechten

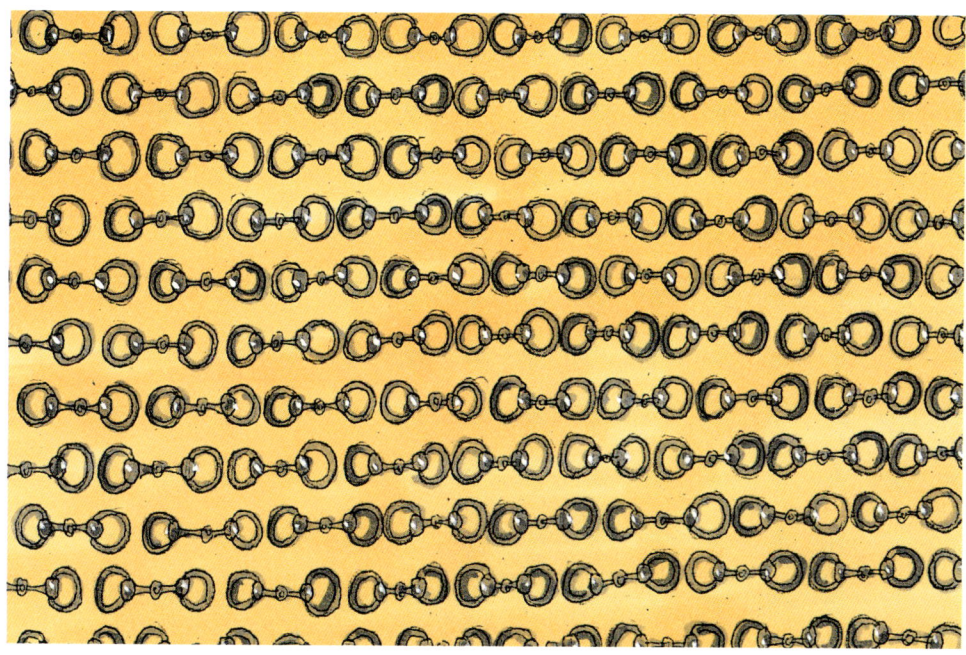

Hier sattle ich _____

Hand und schiebe mit der linken das Gebiss vorsichtig ins Pferdemaul. Dann wird das Kopfstück hochgezogen und das Genickstück behutsam über die Ohren gestreift. Schließlich ordne ich den Stirnschopf über dem Stirnband und schließe die Schnallen von Kehlriemen und Kinnriemen. Beim Kehlriemen muss eine aufgestellte Hand zwischen Pferd und Riemen passen, beim Kinnriemen des Reithalfters muss zwischen Kinngrube und Leder Raum für zwei aufgestellte Finger bleiben – dann sitzt alles richtig.

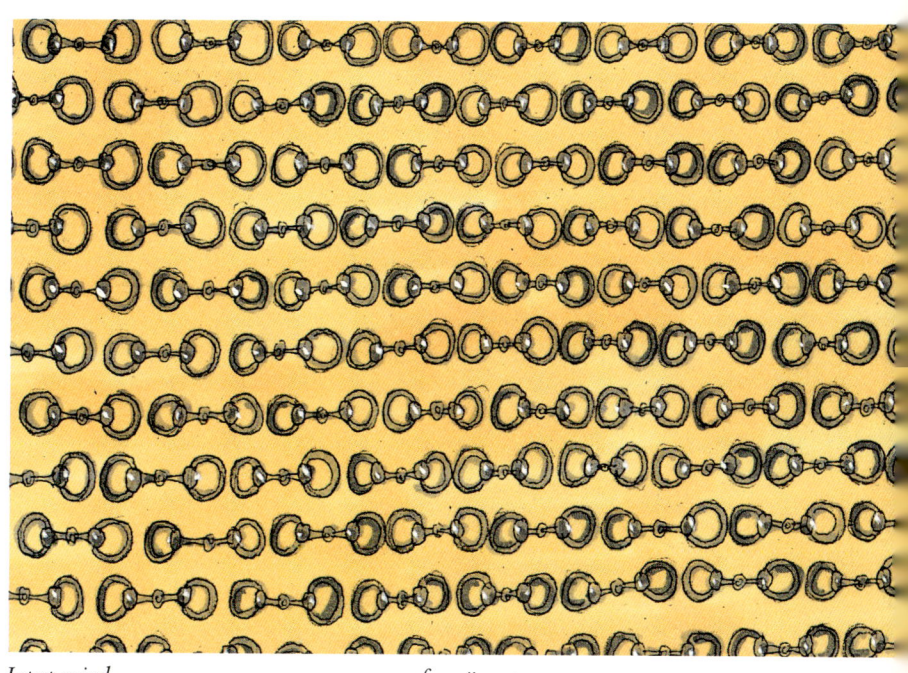

Jetzt wird _____ *aufgezäumt*

Wie komme ich bloß rauf?

_____ ist fertig, und ich kann nachgurten und aufsteigen. Ich stelle mich also auf die linke Seite des Pferdes, setze den linken Fuß in den Bügel und hole mit dem rechten Bein Schwung.

Wenn ich das rechte Bein dann über die Kruppe schwinge, darf ich das Pferd nicht damit berühren. Ich muss auch aufpassen, dass ich es nicht mit der linken Stiefelspitze trete, während ich aufsteige.

Außerdem muss ich vermeiden, meinem Pferd in den Rücken zu plumpsen. Richtig ist es, wenn ich sanft in den Sattel gleite. Ist mein Pferd brav stehengeblieben, dann lobe ich es natürlich.

Klar, herunter kommt man immer, aber es ist schon wichtig, auch das Absitzen korrekt zu gestalten. Dazu nehme ich zunächst beide Füße aus den Steigbügeln. Ansonsten könnte ich nämlich darin hängen bleiben, wenn das Pferd erschrickt und wegspringt. Nun schwinge ich wieder das rechte Bein über die Pferdekruppe ohne das Pferd zu berühren und lasse mich hinabgleiten. Die „Landung" soll weich erfolgen. Ich federe sie in den Knien und Fußgelenken ab. Natürlich geht das Auf- und Absteigen viel leichter, wenn das Pferd dabei ruhig stehen bleibt.

Mein Pferd soll mich verstehen

Reiten bedeutet, sich mit dem Pferd zu verständigen. Ich gebe ihm eine Anweisung, und es führt sie aus. Diese Anweisungen nennt man Hilfen. Es braucht einige Zeit und Geduld, sie zu erlernen, und es geht nicht ohne die Hilfe eines Reitlehrers oder einer Reitlehrerin. Der Ausgangspunkt für gutes Reiten ist der richtige Sitz. Dazu halte ich den Oberkörper gerade und aufrecht, die Oberarme liegen mit angewinkelten Ellenbogen leicht am Körper an. Die Hände stehen aufrecht und sind zu Fäusten geballt. Sie werden über dem Mähnenkamm „getragen", also nicht aufgesetzt. Die Fußspitzen zeigen nach vorn, die Absätze bilden den tiefsten Punkt des Reiters, und die Unterschenkel liegen gerade am Gurt.

Bei den Hilfen gibt es Zügel-, Schenkel- und Gewichtshilfen. Sie werden immer miteinander gekoppelt. Wenn ich zum Beispiel nach rechts reiten will, nehme ich den rechten Zügel ein wenig an und gebe den linken etwas nach. Ich halte den rechten Schenkel am Gurt und den linken leicht hinter dem Gurt. Auch mein Körpergewicht verlagere ich ein wenig nach rechts. Das hört sich sehr kompliziert an, aber wenn man es ein paarmal übt, erscheint es einem ganz selbstverständlich. Die Zügel annehmen – das bedeutet nicht, an den Zügeln zu ziehen. Es tut dem Pferd weh, wenn man, womöglich noch ruckartig, daran reißt. Dann sperrt es vor Schmerz das Maul auf oder wirft den Kopf in die Luft. Oft genug sagen die Reiter dann „Es braucht ein Sperrhalfter!" oder „Es braucht ein Martingal!" Was das Pferd aber wirklich braucht, ist eine sanfte Hand am Zügel.
Mit dem Schenkel wird nicht geklopft – und erst recht tritt man das Pferd nicht mit den Hacken in die Seiten. Schenkelhilfe bedeutet nur, etwas Druck mit den Schenkeln auszuüben – je nach Aufgabe am Gurt, wo der Schenkel normalerweise anliegt, oder etwas hinter dem Gurt. Gewichtsverlagerung auf dem Pferd funktioniert ähnlich wie auf dem Fahrrad. Man tritt den Steigbügel etwas mehr durch – so wie sonst das Pedal, und verlagert damit seinen Schwerpunkt.

Wer hat Vorfahrt in der Reitbahn?

Die meisten Reitstunden finden in der Reithalle oder auf dem Reitplatz statt. Das ist sinnvoll, denn dabei kann der Reitlehrer oder die Reitlehrerin alle Schüler sehen und erkennt schnell, wer etwas falsch macht. Meistens wird in einer Abteilung geritten. Dabei reiten alle nach Anweisung hintereinander. Aus Gründen der Sicherheit ist es sehr wichtig, dass jeder eine Pferdelänge Abstand zu seinem Vorreiter hält.

Beim Abteilungsreiten kommen alle Anweisungen vom Reitlehrer. Meistens beginnt die Stunde mit seinem Ruf:

🧲 Dann müssen wir uns alle hinter der Anfangsreiterin einordnen und rechts herum reiten. Die Anfangsreiterin macht uns das einfacher, indem sie sich meldet: 🍎

Wenn alle richtig in der Reihe sind, kommt bald das Kommando. 🥕 Dann traben wir an und der Reitlehrer gibt uns Bahnfiguren vor, die zu reiten sind. Jede Aufgabe wird aber erst begonnen, wenn das Kommando „Marsch" gefallen ist. Die Zeit zwischen der Nennung der Figur oder der Gangart und diesem Signal nutzen wir, um uns und unsere Pferde auf die Aufgabe vorzubereiten. Nach der Reitstunde lässt der Reitlehrer oder die Reitlehrerin uns aufmarschieren. Das Kommando dazu heißt zum Beispiel:

🍄 Die erste Reiterin wendet dann zur Bahnmitte, wartet auf den Ruf 🦉 und hält daraufhin an. Die anderen Reiter bauen ihre Pferde in einer Reihe rechts von ihr auf. Auch dabei hält man so viel Abstand, dass immer noch ein Pferd dazwischenpasst. Wenn ich mein Pferd außerhalb einer Abteilung in der Reitbahn bewege, muss ich noch mehr Regeln beachten. Das fängt schon mit dem Hereinführen des Pferdes an. Ich rufe 🐝 und betrete die Halle erst, wenn ein anderer Reiter mit 🐞 geantwortet hat. Im Schritt ist der Hufschlag, die Hauptstraße in der Halle, freizumachen. Ich weiche dann auf den zweiten Hufschlag, zwei Meter weiter innen, aus. Wichtig zu wissen ist auch, dass man immer Vorfahrt

hat, wenn man auf der linken Hand reitet. Meistens einigen sich aber alle Reiter darauf, in die gleiche Richtung zu reiten. Dann sagt man, sie reiten „auf der gleichen Hand". Will jemand in diesem Fall die Richtung wechseln, so ruft er oder sie: 🖌
Dann machen wir alle bei der nächsten Gelegenheit einen Handwechsel.

Lösungen:
- 🥕 Abteilung Trab – Marsch!
- 🎒 Tür frei, bitte!
- 🧲 Auf der rechten Hand Abteilung bilden. Anfang …
- 🖌 Handwechsel bitte!
- 🫗 Anfang halt!
- ⛑ Anfang rechts dreht, rechts marschiert auf!
- 🐞 Tür ist frei!
- 🍎 Anfang hier!

Ein Bild vom Abteilungsreiten

Auf dem Hufschlag

Das Wort „Hufschlag" hat nichts mit ausschlagenden Pferden zu tun. Es bezeichnet nur die ausgetretene „Straße" rund um einen Reitplatz. Ausgehend vom Hufschlag können verschiedene Bahnfiguren geritten werden. Meist sind es Kreise oder andere Wendungen. Der Sinn des Figurenreitens ist nämlich, das Pferd zu biegen. Es wird immer wieder „umgestellt" und muss auf wechselnde Anweisungen seiner Reiterin achten. Dadurch bleibt es geschmeidig und aufmerksam.

Damit man die verschiedenen Hufschlagfiguren an der richtigen Stelle beginnt und beendet, sind entlang des Hufschlags Punkte markiert. Es gibt Zirkelpunkte und Wechselpunkte. In der Mitte der langen Seite ist der HB-Punkt (halbe Bahn), und genau in der Mitte der Reitbahn denkt man sich den Mittelpunkt X.

Es dauert natürlich seine Zeit, bis man sich alle Bahnfiguren gemerkt hat. Du kannst sie aber üben, indem du sie zum Beispiel auf dem Reitplatz abläufst oder mit dem Fahrrad abfährst. Auch das Nachmalen mit bunten Stiften macht Spaß. Stell dir vor, der Zeichenstift wäre das Pferd, und du gibst ihm die entsprechenden Hilfen.

Durch die ganze Bahn wechseln!

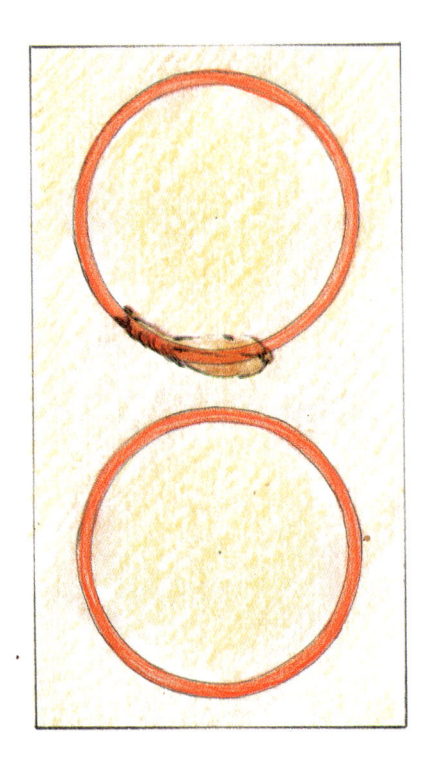

Auf dem Zirkel geritten!

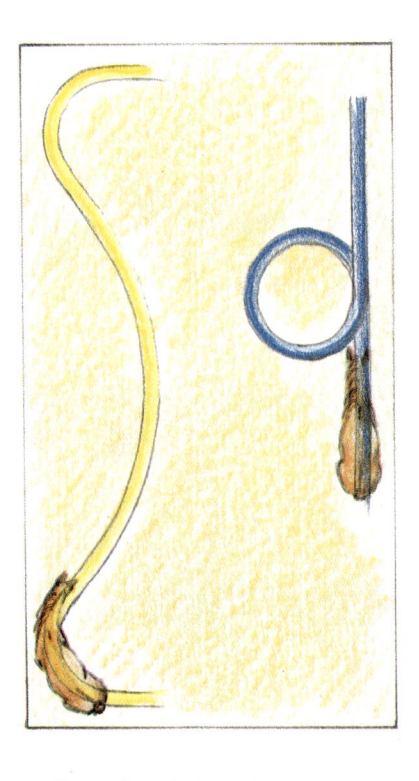

Volle und einfache Schlangenlinie

Der Wechsel durch die ganze Bahn zum Beispiel: Ich reite rechts herum auf dem Hufschlag. Nach der Ecke will ich auf die Wechsellinie abbiegen. Also bereite ich mein Pferd rechtzeitig vor, indem ich den rechten Zügel leicht annehme. Dazu schließe ich die Faust nur etwas fester – so, als wollte ich einen Schwamm ausdrücken. Diese Vorbereitung des Pferdes auf ein neues Kommando heißt „eine halbe Parade". In der Ecke biege ich mein Pferd. Ich reite tief hinein, indem ich mit dem rechten Schenkel am Gurt und mit dem linken hinter dem Gurt treibe. Auf der Mittellinie muss ich mein Pferd dann wieder ganz gerade richten. Ich fasse dazu den gegenüberliegenden Wechselpunkt fest ins Auge und reite schnurgerade darauf zu. Kurz bevor ich wieder am Hufschlag ankomme, stelle ich das Pferd nach links. Mit dem linken Schenkel am Gurt und dem rechten hinter dem Gurt lenke ich es wieder tief in die Ecke.
Gut gemacht, mein Filzstiftpferdchen!

Hier habe ich die wichtigsten Bahnfiguren eingezeichnet. So kann ich sie mir auch viel besser merken.

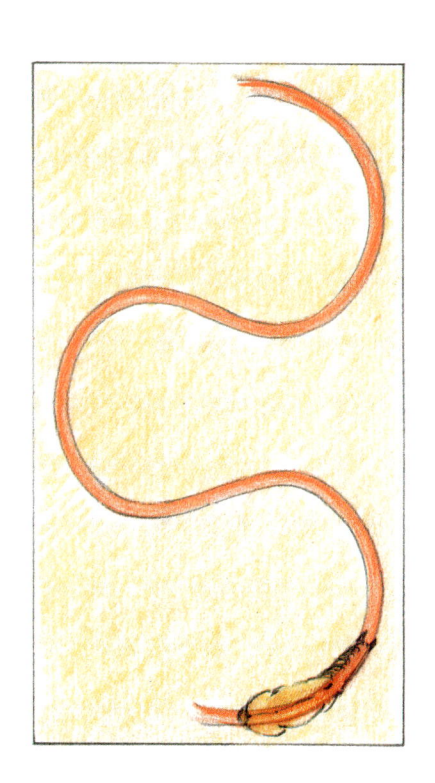

Schlangenlinien durch die Bahn, drei Bogen!

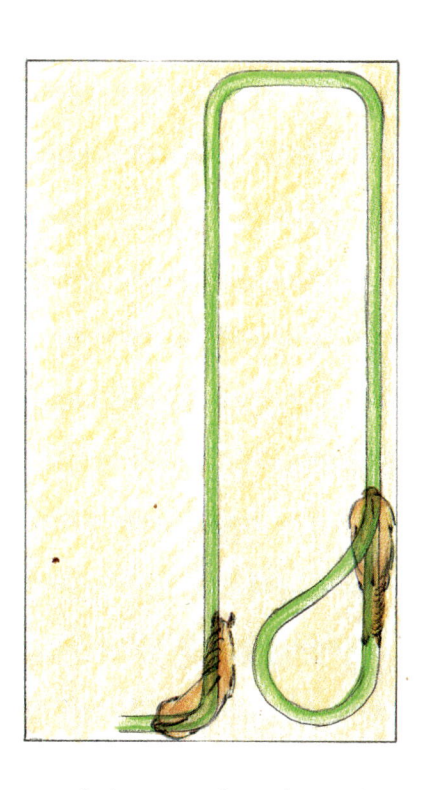

Durch die Länge der Bahn wechseln und aus der übernächsten Ecke kehrt!

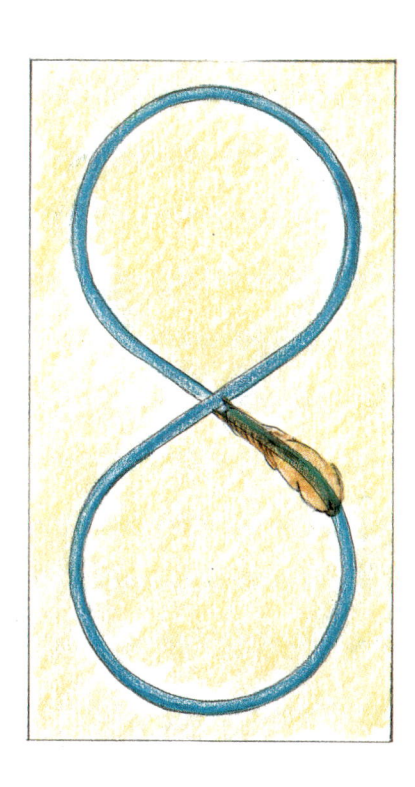

Aus dem Zirkel wechseln!

Kunststücke fast wie im Zirkus – Voltigieren

Übungen für Fortgeschrittene

Voltigieren bedeutet Turnen auf dem Pferd. Es gibt dabei Übungen für Einzelvoltigierer, aber manchmal bewegt man sich auch zu zweit oder zu dritt auf dem Pferderücken.
Beim Voltigieren wird das Pferd von der Ausbilderin an der Longe geführt. Es läuft im Kreis um sie herum, und die Kinder der Voltigiergruppe dürfen nacheinander ihre Übungen ausführen. Könner voltigieren am galoppierenden Pferd. Bei der Prüfung zum Kleinen Hufeisen dürfen die Übungen aber auch im Schritt gezeigt werden.
Die erste Übung beim Voltigieren ist der Aufsprung. Man läuft, die Hände am Voltigiergurt, mit dem Pferd mit, springt mit beiden Beinen ab und schwingt das rechte Bein über den Pferderücken. Sitzt man dann auf dem Pferd, ist aufrechte Haltung bei erhobenem Kopf und vorgeschobener Hüfte wichtig. Die Beine liegen am Pferd an. Nun kann man verschiedene Grundübungen ausführen. Wenn man auf dem Pferd kniet und sich dabei am Voltigiergurt festhält, wird das „Bankstellung" genannt. Daraus entwickelt man die „Fahne". Dabei wird das rechte Bein nach hinten herausgestreckt und der linke Arm nach vorn.
Aus dem Grundsitz kann man auch in den Innensitz gehen. Dann zeigen beide Beine zum Longenführer und man sitzt fast wie auf einem Stuhl. Schwingt man dann das linke Bein über die Pferdekruppe, so ist man im Rückwärtssitz. Ein weiterer Beinschwung führt zum Außensitz, und zuletzt schwingt das linke Bein über den Pferdehals, und der Grundsitz ist wieder erreicht. Das alles zusammen nennt man die „Mühle".

Grundsitz

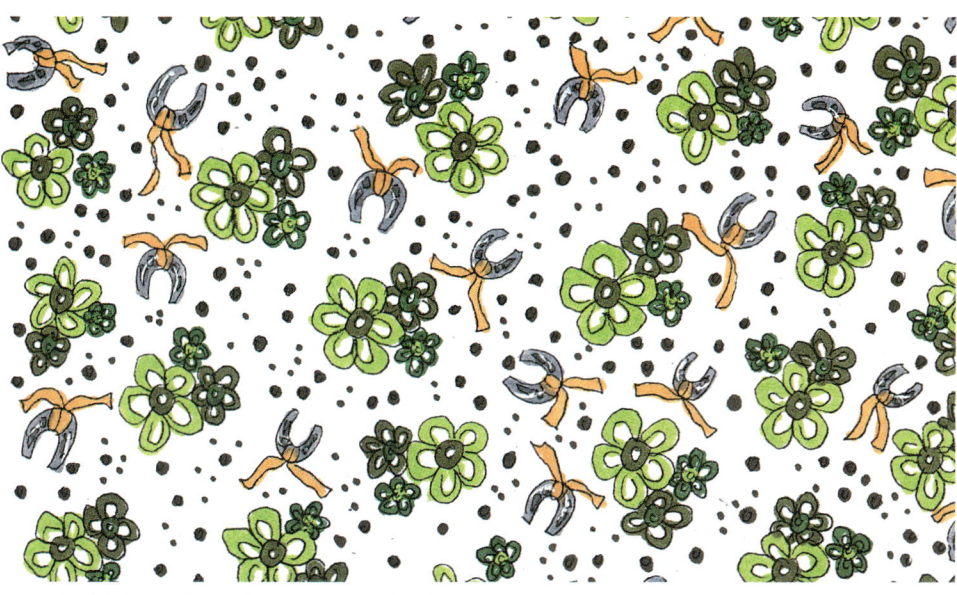

Zum Voltigieren braucht man ein liebes Pferd wie ─────────────

Auf dem Turnier

Etwas schwerer ist die „Schere". Dazu holt man mit den Beinen nach vorn Schwung, hält sich gut am Voltigiergurt fest und schwingt die gestreckten Beine über die Kruppe. Am höchsten Punkt kreuzt das linke über das rechte Bein, und man landet im Rückwärtssitz. Eine weiche Landung ist wichtig! Um dann wieder in den Grundsitz zu kommen, wiederholt man das Kreuzen der Beine über der Kruppe, diesmal allerdings in Sitzrichtung.

Nun muss man natürlich auch wieder herunterkommen. Das geschieht mit dem Abgang, den man auch „Hohe Wende" nennt.

Hierbei führt man das rechte Bein hoch und gestreckt über den Pferdehals und gleitet dann am Pferd herab. Man springt in Richtung der Vorderbeine des Pferdes und landet mit Blick nach vorn. Den Schwung fängt man auf, indem man leicht in die Knie geht oder nach vorn ausläuft.

Beim Absprung schwingt man wie bei der Schere zuerst zum Schwungholen nach vorn, dann wieder nach hinten. Im höchsten Punkt werden die Beine geschlossen. Man schwingt hoch und möglichst weit weg vom Pferd und landet federnd oder auslaufend.

Endlich im Freien!

Es macht Spaß, in der Halle und auf dem Reitplatz zu reiten, aber noch schöner ist es draußen. Jede Reiterin und jeder Reiter erwartet den ersten Ausritt mit Spannung. Welches Pferd bekomme ich? Wird es munterer sein als in der Halle? Womöglich Freudenbuckler machen oder nicht mehr so leicht zu halten sein?

Wenn Pferde häufig im Gelände geritten werden, benehmen sie sich meistens sehr gut. Nur Pferde, die viel Zeit im dunklen Stall verbringen und hauptsächlich in der Halle geritten werden, regen sich auf, wenn es nach draußen geht. Wie in der Reitbahn, so gibt es auch beim Reiten im Gelände Regeln, die beachtet werden wollen. Auf Asphaltstraßen reite ich zum Beispiel nur Schritt. Das schont die Beine der Pferde. In der Abteilung reiten wir hintereinander, allenfalls zu zweit nebeneinander, falls die Abteilung sehr groß ist. Wenn ich unterwegs einem Spaziergänger begegne, trabe oder galoppiere ich nicht an ihm vorbei, sondern pariere zum Schritt durch und

Ausritt mit _____

grüße. Sollten Reitwege ausgeschildert sein, benutze ich sie auch.
Während der Jagdsaison bleibe ich besonders morgens und abends auch Hochsitzen fern. Jäger werden böse, wenn man ihnen das Wild vertreibt. Auf Feld- und Waldwegen, im Herbst auch auf Stoppelfeldern, ist das Reiten meistens erlaubt. Nicht alle

Galopp im Freien

Wege eignen sich aber für schnelles Reiten. Auf steinigem Geläuf und bergab reite ich Schritt. Über sehr holprige Böden kann ich mein Pferd auch mal führen. Beim Bergaufreiten darf es schneller gehen, wenn die Pferde gut trainiert sind. Ich gehe dazu in den Springsitz.
Falls ich in der Dunkelheit unterwegs sein muss, brauche ich eine Beleuchtung. Die Straßenverkehrsordnung schreibt helles Licht nach vorn und rotes Licht nach hinten vor. Es gibt Stiefelleuchten, die das gewährleisten, aber noch besser ist es, zusätzlich eine Sicherheitsweste mit reflektierenden Aufnähern zu tragen. Für Pferde gibt es Leuchtgamaschen.

Der erste Ausritt

Hier habe ich aufgeschrieben, wo man nicht reiten darf:

_____

_____

_____

_____

_____

Mein Kleines Hufeisen

Geschafft!

Das „Kleine Hufeisen" ist das erste Reiterabzeichen. Ich bekomme es, indem ich eine praktische und eine theoretische Prüfung ablege. In guten Reitschulen gibt es die Möglichkeit dazu mindestens einmal im Jahr. Bei der praktischen Prüfung reite ich in der Abteilung eine kleine Aufgabe. Die Richter wollen sehen, wie gut ich mein Pferd im Schritt, Trab und Galopp reiten kann und ob ich die wichtigsten Hufschlagfiguren beherrsche. Manchmal werden auch Rückwärtsrichten oder eine Vorhandwendung verlangt, aber wenn ich hier einen Fehler mache, falle ich nicht gleich durch. In der theoretischen Prüfung werden Fragen zur Pferdehaltung und -pflege gestellt. Die Richter wollen wissen, ob ich die Körperteile des Pferdes richtig benennen kann, und vielleicht werde ich auch nach dem Sattelzeug gefragt.

Vor der Prüfung für mein Kleines Hufeisen war ich wirklich sehr aufgeregt. Aber mein Pferd hat wunderbar mitgemacht, und so war die praktische Prüfung kein Problem. Für die Theorie hatte ich natürlich viel gelernt. Da konnte nichts schiefgehen! Ich bin sehr stolz auf mein erstes kleines Reitabzeichen!

Richtig angezogen: Reitkleidung

Die richtige Reitkleidung muss vor allem bequem sein. Das ist wichtiger als elegantes Aussehen, denn letztlich täuscht auch die schönste und teuerste Reithose nicht über einen schlechten Sitz hinweg. Und bis du mal eine Turnierjacke brauchst, vergeht sowieso viel Zeit.

Mit eng anliegenden Hosen bekommt man keine Scheuerstellen

Mit ungeeignetem Schuhwerk bleibt man bei einem Sturz eher im Steigbügel hängen.
Ganz wichtig ist eine Reitkappe. Ihr Gebrauch ist in Reitschulen vorgeschrieben, und in den ersten Stunden kann man meist eine leihen. Auf die Dauer solltest du aber schon eine eigene haben. Die richtige Oberbekleidung beim Reiten besteht aus eher eng anliegenden Pullovern oder Jacken. Trägst du weite Sweatshirts, so kann der Reitlehrer nicht richtig sehen, ob du dich gerade auf dem Pferd hältst – und es schleichen sich vielleicht unbemerkt Haltungsfehler ein.

Es müssen nicht unbedingt Lederreitstiefel sein, aber festes Schuhwerk ist wichtig

Für die allerersten Reitstunden genügen Jeans und Gummistiefel oder auch Turnschuhe. Sobald du aber merkst, dass du den Sport magst und dabeibleiben möchtest, solltest du eine Reithose und Gummireitstiefel anschaffen.

Eine Reitkappe gehört unbedingt zur Ausrüstung

Wer denkt beim Schmusen schon an die Kleidung?

Reitkleidung sollte strapazierfähig sein und darf schmutzig werden. Wer achtet schließlich auf die Sauberkeit der Jacke, wenn das Lieblingspferd schmusen will?

Wie laufen sie denn?

Die Pferde in unserer Reitschule werden in drei Gangarten geritten: Schritt, Trab und Galopp. Diese Bewegungsvarianten nennt man auch die „Grundgangarten". Manche Pferderassen gehen darüber hinaus noch andere Gangarten. Beim Islandpferd kennt man zum Beispiel Tölt und Pass.

Schritt

Jede Reitstunde beginnt im Schritt. Es ist die langsamste und ruhigste aller Gangarten. Der Reiter sitzt dabei sehr bequem. Man kann auch gut beobachten, wie das Pferd im Schritt die Beine setzt. Die Fußfolge ist: hinten rechts, vorne rechts, hinten links, vorne links. Der Schritt ist ein Viertakt. Man kann die Hufschläge mitzählen: 1, 2, 3, 4.

Schritt ist eine sehr gemütliche Gangart

Zum Anreiten im Schritt lege ich die Unterschenkel leicht an. Wenn das Pferd antritt, vermindere ich den Druck. Die Hände halten über den Zügel leichten Kontakt zum Pferdemaul. Wenn ich anhalten will, setze ich mich gerade, lege wieder die Beine an und schließe die Finger etwas fester um den Zügel. Ich nehme sie leicht an, lasse aber gleich wieder nach, wenn das Pferd artig anhält. Ansonsten bringe ich es nämlich durcheinander und es geht rückwärts.

Trab

Angetrabt wird meist aus dem Schritt. Ich verkürze die Zügel ein bisschen, damit das Pferd merkt: jetzt kommt eine neue Anweisung. Dann lege ich die Unterschenkel an, drücke etwas zu, und das Pferd trabt an. Falls es das nicht tut, treibe ich mit der Gerte. Jetzt wird es aber schwierig, denn im Trab wird der Reiter viel mehr durchgeschüttelt als im Schritt. Das liegt an der veränderten Fußfolge. Im Trab bewegen sich das rechte Hinterbein und das linke Vorderbein

Beim Leichttraben steht man im Rhythmus im Sattel auf und setzt sich wieder hin

gleichzeitig vorwärts, danach das linke Hinterbein und das rechte Vorderbein. Außerdem kommt man natürlich schneller voran als im Schritt. Man sagt: Trab ist eine mittlere Gangart im Zweitakt.
Weil der Trab für den Reiter recht unbequem ist, gibt es das Leichttraben. Dabei stehe ich abwechselnd im Sattel auf und setze mich wieder hin. Wenn ich dabei im Einklang mit der Bewegung des Pferderückens bleibe, ist das gar nicht so schwer. Der Schwung der Trabbewegung hilft beim Aufstehen.
Natürlich kann ich den Trab auch aussitzen. Dann bleibe ich locker im Sattel sitzen und federe bei den Trabstößen mit. Ausgesessen wird meist in Dressur-

stunden. Beim Aufwärmen des Pferdes vor dem Unterricht und beim Ausreiten trabe ich leicht.

Galopp

Es macht großen Spaß zu galoppieren. Auch wenn man es zunächst nicht glaubt: Die Galoppsprünge sind viel leichter zu sitzen als der Trab. Galopp ist eine gesprungene Gangart im Dreitakt: beim Linksgalopp tritt zuerst das rechte Hinterbein auf, dann fußt das Pferd hinten links und vorn rechts gleichzeitig auf und zuletzt greift das linke Vorderbein weit aus. Beim Rechtsgalopp ist es umgekehrt.

Galopp macht natürlich Spaß!

Je nachdem, ob man links oder rechts herum – Links- oder Rechtsgalopp – reiten will, unterscheiden sich die Hilfen. Beim Angaloppieren im Linksgalopp treibe ich mit dem linken Unterschenkel am Gurt, also da, wo er auch während des Trabens liegt. Der rechte Unterschenkel wandert etwas nach hinten und treibt eine Handbreit hinter dem Gurt. Vorher nehme ich auch noch den linken Zügel leicht an, damit das Pferd ein wenig nach links guckt. Man sagt, es wird nach links gestellt. Beim Rechtsgalopp mache ich es wieder genau andersherum. Es ist immer einfacher, aus einer Biegung heraus anzugaloppieren, denn das macht es dem Pferd leichter, in den richtigen Galopp zu springen.

Die meisten Pferde gehen nur Schritt, Trab und Galopp. Es gibt aber noch weitere Gangarten. Viele Pferderassen, wie zum Beispiel der Isländer und der Tennessee-Walker, werden speziell daraufhin gezüchtet, Pass, Tölt oder Walk zu gehen. Man nennt sie „Gangpferde" und es gibt besondere Turniere, auf denen sie ihre Gänge zeigen können.

Pass

Pass ist eine mittlere Gangart im Zweitakt. Die Schrittfolge ist vorn rechts, hinten rechts gleichzeitig, dann vorn links, hinten links gleichzeitig. Passveranlagte Pferde gehen diese Gangart in jeder Geschwindigkeit, aber erwünscht ist sie nur im Renntempo. Langsamer Pass ist nämlich sehr unbequem für den Reiter.

Tölt

Tölt ist eine mittlere Gangart im Viertakt. Die Fußfolge ist hinten links, vorn links, hinten rechts, vorn rechts. Sie entspricht damit fast genau dem Schritt, aber es ist immer nur ein Pferdebein am Boden. Der Tölt ist für den Reiter sehr bequem und man kann ihn – wie den Trab – in verschiedenen Geschwindigkeiten reiten.

Walk

Walk ist ein englisches Wort. Man spricht es etwa so aus wie „Wohk", und auf deutsch bedeutet es „gehen". Auch Walk ist eine Viertaktgangart, seine Fußfolge entspricht genau dem Schritt. In beinahe jeder Bewegungsphase sind drei Pferdebeine am Boden.

KOSMOS

Erlebnis Pferde

Das ideale Nachschlagewerk

Alles Wissenswerte über Pferde und Reiten, knapp, verständlich und übersichtlich:

- Entwicklung des Pferdes
- Anatomie und Körpersprache
- Pferde- und Ponyrassen
- Pflege und Haltung
- Ausbildung
- Ausrüstung für Pferd und Reiter
- Grundlagen des Reitens
- Berühmte Pferde
- Verwandte des Pferdes

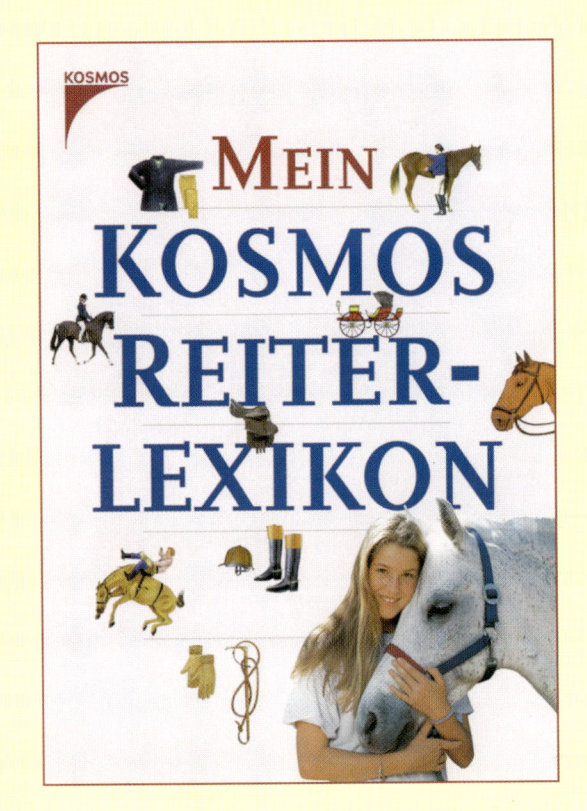

Struan Reid
Mein Kosmos Reiterlexikon

128 Seiten
630 Abbildungen
gebunden
ISBN 3-440-07922-8

www.kosmos.de

Bildnachweis

Petr Blaha, Österreich (Cover, S. 56 l.);
Olav Krenz, Leonberg (S. 61 u. M.);
Sabine Küpper, Duisburg (S. 59 u., 59 o., S. 61 l.);
Lothar Lenz, Cochem (S. 2 M., 2 u., 3 o., 3 u., 5, 14 u., 14 o., 15 u., 15 o. r., 16, 19 u. r., 20, 21, 23 r., 39, 42 l., 61 o. M.);
Stefanie Mauelshagen, Wachtberg (S. 4 o. r.);
Edgar Schöpal, Düsseldorf (S. 33 o., 33 M., 33 u., 44 o., 44 M., 44 u.);
Sabine Stuewer, Darmstadt (S. 2 o l., 4 u. r., 11 u., 11 o., 15 u., 15 M., 18, 19 o., 19 u.l., 25, 27 o., 27 u., 41u., 41 o., 42 r., 61r.);
Rik van Lent, Belgien (S. 4 l., 4 M.);
Elisabeth Weiland, Schweiz (S. 56 r., 57)

Illustrationen von Ursula Weller und Gisela Dürr
Umschlaggestaltung von Atelier Reichert

Informationen senden wir Ihnen gerne zu
Bücher · Kalender · Spiele · Experimentierkästen · CDs · Videos · Seminare
Natur · Garten & Zimmerpflanzen · Heimtiere · Pferde & Reiten · Astronomie ·
Angeln & Jagd · Eisenbahn & Nutzfahrzeuge · Kinder & Jugend

KOSMOS Postfach 10 60 11
D-70049 Stuttgart
TELEFON +49 (0)711-2191-0
FAX +49 (0)711-2191-422
WEB www.kosmos.de
E-MAIL info@kosmos.de

Die Deutsche Bibliothek – CIP-Einheitsaufnahme
Ein Titelsatz für diese Publikation ist bei der Deutschen Bibliothek erhältlich.

Alle Angaben in diesem Buch erfolgen nach bestem Wissen und Gewissen. Sorgfalt bei der Umsetzung ist indes dennoch geboten. Der Verlag und der Autor übernehmen keinerlei Haftung für Personen-, Sach- oder Vermögensschäden, die aus der Anwendung der vorgestellten Materialien und Methoden entstehen könnten.
© 2002, Franckh-Kosmos Verlags-GmbH & Co., Stuttgart
Alle Rechte vorbehalten
ISBN 3-440-09218-6
Innenlayout: Gisela Dürr
Bildredaktion: Birgit Bohnet
Satz: Hahn Medien GmbH, Kornwestheim
Druck und Bindung: Slovenska Grafica, a. S.; Bratislava
Printed in Slovakia / Imprimé en Slovaquie